# レキシコンの現代理論とその応用

岸本秀樹 編

Modern Theories of Lexicon and Their Applications
Edited by Hideki Kishimoto

## はじめに

　レキシコンは，私たちの頭の中に蓄積されている語彙のリスト（いわゆる心的辞書）を指します。レキシコンの研究は，語彙がどのような体系をもっているかを見つけ出すことが主な目的となります。問題はどのようにしてレキシコンの研究を進めるかですが，これには様々な方法が考えられます。というのも，言語は複雑な体系をなしているため，どのような視点をとるかにより，見え方が異なってくるためです。さらに言えば，ただ単にデータを見ているだけでは，重要なことを見逃してしまう可能性があります。理論や方法論がないところから何かを見つけだしていくことは不可能ではないにしてもかなりの困難が伴います。このような言語の複雑さゆえに，どのような視点で見てゆくかを決めて研究を進める必要があるのです。

　アリストテレスの時代より，言語は長年にわたり研究されてきた対象であり，その結果として言語がどのようなものであるのかという先人の知見が存在します。特に，現代的な言語理論は，分析に用いる概念や仕組みが比較的明確に定義され，様々なことが予測によって検証しやすくなっています。（パラダイムと言ってよいかもしれない）1つの理論的な立場に立つと，ことばに対する見方の方向性が定められ，これまでこうだと思っていたものが，まったく違うように見えてきたり，これまで考えもしなかったような側面に気がついたりすることがあります。また，ぼんやりと考えていたことがより鮮明な形で捉えられるようになるかもしれません。理論的な研究なしでは容易にたどり着くことができなかった知見が得られ，その結果として，他の実験的な研究や応用的な研究にも刺激を与え，その分野を進展させることもあります。

　レキシコンの研究に限定しても同じことが言え，現代理論からレキシコンを観察すると，従来あまり見えてこなかった語彙の側面が見えてくる可能性があります。レキシコン研究に実験的な手法などが持ち込まれ，研究の手法は変化してきているものの，研究の方向性や仮説などを設定する際の理論の果たす役割の重要性を鑑みると，レキシコン理論をもう一度真剣に考えてみる（あるいは再検討してみる）ことには大きな意義があります。

　本書には，いくつかの理論的な枠組みから経験的な事実を分析して，レキ

シコンがどのようなものであるのかということを具体的に論じた論文が掲載されています。所収の各論文（査読あり）はそれぞれの理論的な立場から，個々に具体的な言語現象の分析を行っていますが，従来より明確な形で問題設定がなされていることを感じていただけるのではないかと思います。本書に掲載されている論考が今後のレキシコン研究のさらなる発展のきっかけとなれば幸いです。

2019 年 10 月 16 日
岸本秀樹

# 目　次

はじめに　iii

第 1 章　Swarm 交替現象再考 ......................................虎谷紀世子　1

第 2 章　分散形態論と日本語の補充：
　　　　存在動詞「いる」と「おる」の交替............................田川拓海　27

第 3 章　語形成とアクセント ........................................窪薗晴夫　49

第 4 章　言語運用における意味計算：
　　　　ネクスト・メンションを例に..................中谷健太郎・志田祥子　73

第 5 章　軽動詞構文における意味役割付与のメカニズム ..........岸本秀樹　99

第 6 章　語形成への認知言語学的アプローチ：
　　　　under-V の成立しづらさと under-V-ed の成立しやすさ
　　　　....................................................... 野中大輔・萩澤大輝　127

第 7 章　Generative Lexicon によるレキシコン研究 ..................小野尚之　153

第 8 章　言語類型論と認知言語学の観点よりみた英語からの動詞借用：
　　　　事例研究を通じて .............................................堀江薫　177

[v]

# 第 1 章

# Swarm 交替現象再考

## 虎谷紀世子

### 要旨

本稿は日本語の swarm 交替現象を意味・統語の両面から考察する。まず，Dowty (2000, 2001) を参考に，交替をおこす動詞の意味的特徴を吟味する。次に swarm 交替現象に 1 対の構文（「主題主語型構文」と「場所主語型構文」）を想定する Wehmeyer (2017) の提案を概要し，その問題点を指摘する。最後に代案として交替構文の特徴を役割指示文法の枠組みで分析する。Swarm 交替に参加できる動詞は大きく分けて 2 種類あり（静的状態を表す「Swarm タイプ」と動的状態を表す「音タイプ」），それぞれが「主題主語型構文」・「場所主語型構文」に参加できるようになるためには 1 対ではなく 2 対の統語構造を想定する必要があると議論する。

キーワード： 壁塗り交替，役割指示文法，移動事象，オノマトペ，意味・
統語リンキング

### 1. はじめに

英語には 'Swarm alternation' (Levin 1993: 53–55) と呼ばれる交替現象（以下，swarm 交替）がある。それは，(1) に示すように，動詞 swarm 自体に変化はないが，主語と前置詞句との間で項の交替がおきるというものである。

(1) a. <u>Bees</u> are swarming in **the garden**.

[1]

b. **The garden** is swarming <u>with bees</u>.

（Salkoff 1983: 288）

（1a）では Bees が主語，the garden が前置詞句，（1b）では The garden が主語，bees が前置詞句となって現れている。Swarm のほか，dazzle（2a），buzz（2b）などにも同様の交替現象が観察される（Salkoff 1983, Levin 1993: 53–55）。

（2）a. Diamonds dazzled in the setting. ↔ The setting dazzled with diamonds.

b. Flies buzzed in the bottle. ↔ The bottle buzzed with flies.

（Salkoff 1983: 291–292）

あまり注目されてこなかったが（3）に示すように，日本語にも（1）に匹敵する交替が観察される[1]。

（3）a. <u>ミツバチ</u>が庭にうじゃうじゃしている。

b. 庭が<u>ミツバチ</u>でうじゃうじゃしている。

（Toratani 2011）

（3a）では「ミツバチ」が主語，「庭」が後置詞句，（3b）では「庭」が主語，「ミツバチ」は後置詞句となって現れている。この例に関しては動詞の語幹がオノマトペであるという点が特徴的である[2]。

（3）のような例は，これまで自動詞構文型の場所格交替（Locative Alternation）もしくは壁塗り交替（Spray-Paint Alternation）（例：spray paint on the wall ↔ spray the wall with paint）の一種という扱いを受け，多くの議論がなされてき

---

1　森川（2018: 53）は（3）に相当する日本語はないと述べているが，Google 検索でも件数に限りがあるものの（3）と同様の例が見つかる。具体的には，（3a）- 型：「時間帯によってはロビーに人がうじゃうじゃしてます。」（http://4travel.jp/os_hotel_tips_each-13280362.html）；（3b）- 型：「市民プールは，夏休みに行くと人でうじゃうじゃしているが…」（http://www.geocities.co.jp/Bookend-Soseki/4587/zuihitu/0812.html）が例である。

2　「オノマトペ動詞」（オノマトペ＋する）の特徴は Kageyama（2007）が詳しい。

た。しかし，Dowty（2001）が指摘するように，他動詞による壁塗り交替と
swarm 交替では，意味に違いがある。例えば'spray paint on the wall'では人
が物（paint）の位置を変化させるわけだが swarm 交替にはそのような人為的
に引きおこされた物の位置の変化はみられない。また，日本語の swarm 交
替だけを総体的に議論した論文は私見の限り皆無である。Wehmeyer（2017）
が日本語の swarm 交替を考察しているが，一部のオノマトペ動詞について
議論したもので，網羅的ではない。また議論の展開にも問題点が見つかる。
これらを受け，本稿は次の 2 点を目的とする。① Dowty（2000, 2001）を参
考に日本語の swarm 交替に参加できる動詞の特徴を概観する（第 2 節）。②
Wehmeyer（2017）の問題点を指摘し（第 3 節），代案として役割指示文法（Role
and Reference Grammar（RRG））（Van Valin 2005, Van Valin and LaPolla 1997）
の立場から swarm 交替現象を考察する（第 4 節）。

　交替する文は岸本（2012）の用語，「主題主語構文」（3a）・「場所主語構文」
（3b）を簡略化し，「主題型」・「場所型」（文・構文）と呼ぶことにする。名詞
の抽象性が交替構文の正文性にかかわることは指摘されているが（Salkoff
1983, Dowty 2001 等），本稿は具象名詞に焦点をあてることにする。

## 2.　Swarm 交替に参加できる動詞

　Swarm 交替に参加できる動詞にどのようなものがあるのか。日本語に関
しては岸本（2012）が代表的な動詞をあげ，Wehmeyer（2017）は一部のオノ
マトペ動詞の分類を行っている。英語に関しては Dowty（2000）が概念別の
分類を行い，5 グループ（占有・豊富，におい，光の放出，小さな動き，声・
音）に分けている。この中では Dowty（2000）の分類が最も網羅的である。
そこで Dowty（2000）をもとに swarm 交替に参加できる日本語の動詞等を分
類し，以下に交替の例を提示する[3]。

　（4）　占有・豊富
　　　　a.　公園に瓶や缶がちらかっている。／瓶や缶で公園がちらかってい

---

3　この分類は Dowty（2000）の説明を筆者が和訳し簡略化したものである。順番は議論の
都合上入れ替えた。また例文は引用元がない限り，Salkoff（1983），岸本（2012），Wehmeyer
（2017），ブログ等の実例を参考に筆者が作成したものである。

る。 (Kageyama 1980: 37)

b. 人が電車にすし詰め状態だ。／電車が人ですし詰め状態だ。

c. 花が部屋にいっぱいだ。／部屋が花でいっぱいだ。

d. 霧が山頂のあたりにもやもやしている。／山頂のあたりが霧でもやもやしている。

e. その人形は毛糸の髪が頭のてっぺんにもじゃもじゃしている。／その人形は頭のてっぺんが毛糸の髪でもじゃもじゃしている。

(5) におい

腐った卵のにおいが冷蔵庫にプンプンする。／冷蔵庫が腐った卵のにおいでプンプンする。

(6) 光の放出

a. 汗が額に光っている。／額が汗で光っている。

b. 星が夜空に輝いている。／夜空が星で輝いている。

c. 星が夜空にキラキラしている。／夜空が星でキラキラしている。

d. イルミネーションが街にピカピカしている。／街がイルミネーションでピカピカしている。

(7) 小さな動き

a. サメが白浜近辺にうようよしている。／白浜近辺がサメでうようよしている。

b. ミツバチが庭にうじゃうじゃしている。／庭がミツバチでうじゃうじゃしている。

(8) 声・音

a. バンドの音が会場で鳴り響いている。／会場がバンドの音で鳴り響いている。(cf. 注 6)

b. 泡がソーダ水でシューシューいっている。／ソーダ水が泡でシューシューいっている。

c. 熱いスープがなべでふつふつしている。／なべが熱いスープでふつふつしている。

従来の研究では普通動詞による例が多かった。Wehmeyer (2017) がこれにオノマトペ動詞も加わることを明らかにしたが，「におい」，「光の放出」の例

は含んでいない。またオノマトペ動詞はすべて「する」をとる形で、声・音で「いう」をとる例は挙げていない (cf. Toratani 2015)。上にみるように、そうしたグループにも該当例がある。どのグループにもオノマトペ動詞の例が見つかる点が興味深い。さて、それでは、これらの文に何か共通する点があるのだろうか。

本稿ではその共通点に岸本 (2012) の「充満」という概念を採用する[4]。図にすると次のようなイメージになるだろう。

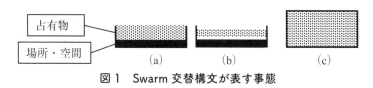

**図 1　Swarm 交替構文が表す事態**

「充満」の概念は、限定された面（場所・空間）とそこを占有する物体（個体、集合体）から成る。占有物が場所の底面に接触している場合（図 1 (a)）もあれば離れている場合（図 1 (b)）もある。いずれにしても鳥瞰で物体は場所全面に拡散している（図 1 (c)）。この状況を主題型・場所型という 2 通りの構文で描写することが可能だが、その可能性は岸本 (2006) が Pinker (1989) を引用し説明している「ゲシュタルトの転移」という概念を用い説明するのが妥当であろう。

心理学で扱われる題材に「ルビンの壺」という絵がある。それは見方によっては、「向き合った 2 人の顔」にも「1 つの壺」にもみえるというものである。この現象は、我々が知覚的に何をまとまりのある全体（ゲシュタルト）として捉えるか、つまり我々が何を前景化し、何を背景化して物を捉えているかということを反映している。この考えを応用すれば、「充満」のイメージ（図 1）にも同様の 2 通りの「見方」が適応できるだろう。つまり、占有物を前景化し場所を背景化する場合には「主題型」（例：人が電車にすし詰め状態だ。）、その逆は「場所型」（例：電車が人ですし詰め状態だ。）が成立するというものだ。

---

4　岸本 (2012) は自動詞場所格交替構文には「充満」タイプと「除去・漏出」タイプの 2 種類があると指摘している。図 1 に呼応するのは「充満」タイプだけである。

「充満」という語からは静的な状態が想像されるかもしれない。しかし，上の例でもみたように，swarm 交替で表される対象は，ある意味では動的なものも含む。これは Dowty（2001: 176）の提案する "The Dynamic Texture Hypothesis"（動的テクスチャー仮説）に相当する。つまり，場所空間の隅々にわたり無数の小さい何かが繰り返し動き，その動きは均質的なため全体を眺めると，まるで 1 枚のテクスチャーのようにみえるというものである（図 1 (c) 参照）。このイメージは The garden is swarming with bees. という文に代表される。ミツバチ 1 匹ずつをとれば羽を動かし明らかに動いているわけだが，全体としてはまとまりのある動的テクスチャーにみえるというものである。言い換えれば一枚の鳥瞰図としては静的，ズームアップでは動的という 2 面性を持つ状況である[5]。

　こうした「充満」の状況を交替構文（特に場所型文）で描くには，言語的には少なくとも次の条件が満たされなければならない。①「場所」を占有する対象物が物質名詞，または非限定的複数を表す可算名詞でなければならない（Salkoff 1983: 293, Dowty 2000: 117, 2001: 173）。例えば人 1 人では (4b) は成立しない（*1 人の人が電車にすし詰め状態だ。／*電車が人 1 人ですし詰め状態だ。）。②少なくとも日本語に限っては，動きを表す動詞は個々の主体は動いていても，動きのパターンは一定し，どちらかと言えば 1 か所に留まった「小さな」動きを表すものでなければならない（例：小刻みな揺れ・くねり・徘徊）。言い換えれば (9a/b) のような境界線を越えるような動き（cf. Aske 1989, Slobin and Hoiting 1994）や (9c/d) のような場所内を単に前進・後退，または大きく移動するような動きを表すものであってはならない[6]。

---

5　ここで述べた静・動の違いはあくまで知覚的なもので，動詞の語彙的アスペクトとは区別されなければならない（cf. 第 4 節）。

6　岸本（2001: 115）は次の (i) – (iii) のような例文を提示し名詞の抽象性が交替文の正文性を左右するとしている。(i) の 2 文は実際の音が鳴り響いていて，その場合は正文である。一方 (ii) の 2 文では実際に音が鳴り響いているのではなく，この場合場所型の文は非文となる。ここで注意したいのは 1. のほうの文の場所が与格で標示されている点である。これらの文では上で述べた「境界線を越える」移動（実際は境界線に当たっているため現実としては越えていない）に該当し，図 1 で表した充満の意味は持ち合わせていないということになる。結局，交替しているのは (iii-1) と (i-2) で，(ii-2) の主題型は (iii-2) であり，いずれもが非文である。つまり「彼の名」は現在進行形の動的状態の「鳴り響いている」と共起できないことを示しているといえる。
　(i-1).音楽が部屋中に鳴り響いている。／(i-2).部屋中が音楽で鳴り響いている。

Swarm交替現象再考 | 7

(9) a. 汗の滴が顔からぽたぽた落ちた。／*顔が汗の滴でぽたぽた落ちた。（汗の滴が顔の輪郭という境界線を越えている。）

b. 温泉水が地面から湧き出ている。／*地面が温泉水で湧き出ている。（温泉水が地表という境界線を越えている。）

c. ミツバチが庭を飛んでいる。／*庭がミツバチで飛んでいる。（ミツバチは大きく前進している。）

d. 子供達が床の上を這っている。／*床の上が子供達で這っている。（子供達は前進している。）

（9a/b）の例に関連し，さらに特記すべきは，同じ境界線を越える動きでも，（10）に例示した'removing'（Kageyama 1980），「除去・漏出」（岸本 2012: 181）タイプとされるものは交替が可能だという点である。

(10) a. あの屋根から雨が漏る。／あの屋根が（*雨で）漏る。

b. やっと部屋からガラクタが片付いた。／やっと部屋が（*ガラクタで）片付いた。

（Kageyama 1980: 39）

例えば（10a）では雨が屋根の基底部，（10b）ではガラクタが部屋の外郭という境界線を越えているが，場所型文が成立している。ただし，アステリスクで示す通り移動物が文中に具現化することはできない。このパターンはswarm動詞による交替と異なることから「除去・漏出」の意味を持つ動詞による交替はswarm動詞による交替と区別して考える必要があるだろう。

　仮に（9a/b）を「除去・漏出」タイプだとするとなぜ交替がおきないのだろうか。その答えのヒントは岸本（2012: 181）の他動詞の「除去」タイプ動詞に関する観察にある。岸本（2012）は英語の「除去」タイプの動詞には2種類あることを述べている。1つはclearのように「除去される物」・「場所」をそのまま残して交替が可能なタイプ（John cleared the dishes from the table. /John

---

(ii-1). 彼の名が全国に鳴り響いている。／(ii-2). *全国が彼の名で鳴り響いている。

(iii-1). 音楽が部屋中で鳴り響いている。／(iii-2). ?彼の名が全国で鳴り響いている。(cf. ii-1) cleared <u>the table</u> of <u>the dishes</u>.).　もう一方は wipe のように項交替は可能だが「場所」が目的語の場合には「除去される物」が具現化できないタイプ（John wiped <u>his fingerprints</u> off <u>the door</u>./ John wiped <u>the door</u> (*of <u>his fingerprints</u>).）である。さらに，岸本（2001: 104）は（11）のような例を挙げ「日本語では「除去された移動物」を示すための助詞が存在しないために英語の clear タイプにみられる of ～にあたる表現は出てこない」とし，clear に呼応する「片づける」は clear タイプではなく，wipe タイプの振る舞いをすることを指摘している。よって「片づける」は（11a）では「除去される物」（食器）・「場所」（テーブル）の両方と共起できるが，（11b）では「除去される物」とは共起できない（cf.（11c））。

　（11）a.　政夫は，食器をテーブルから片づけた。
　　　 b.　政夫は，テーブルを片づけた。
　　　 c.　*政夫は，テーブルを食器で片づけた。

（岸本 2001: 104）

では，なぜ（11b）は「除去される物」が具現化できないのだろうか。それは（11b）の「テーブル」は「食器」を置き換えた言葉なので意味的に既に存在する「食器」に新たに「食器」という語を加えることができないというメトニミー（metonymy）（換喩）による制約だと考える。
　自動詞（1 項動詞）にも同様の点が言える。（12）は Kageyama（1980: 38）の他動詞の例を受身で 1 項動詞化したものである。

　（12）a.　グラスから酒が飲み干された。
　　　 b.　グラスが（*酒で）飲み干された。

（12a）は主題型文で「除去される物」（酒）と「場所」（グラス）を含む。（12b）は場所型文だが「酒」の具現化はできない。その理由は「グラス」（容器：container）は「酒」（内容物：contained）を置き換えた言葉で[7]，そこにさらに「酒」を追加することができないためであると考える。言い換えれば，「除

---

7　これは "CONTAINER FOR CONTAINED"（Kövecses 2002: 156）というメトニミーである。

去・漏出」タイプに関して場所型文を成立させるには，メトニミーで「場所」が「主題」に置き換えられなければならないことを示している。(9a/b) で場所型文が非文なのは，こうしたメトニミーによる置き換えが不可能なためだと考えられる。「*顔がぽたぽた落ちた。」では，「顔」が「汗」を置き換えているとは解釈できない。「*地面が湧き出ている。」でも「地面」が「温泉水」を置き換えているとは解釈できない。つまり「落ちる」(9a)，「湧き出る」(9b) は「主題」を「場所」で置き換えるメトニミーの意味も持ち合わせていないため「除去・漏出」タイプが必要とする条件が満たされず，非文となっていると考えられる。言うまでもなく (9a/b) は「充満」の意味を表せないことから swarm 交替の条件も満たしていない。

## 3. Wehmeyer (2017)

　Wehmeyer (2017) はこれまで議論されてこなかった様々なオノマトペ動詞が swarm 交替に参加できることを紹介し，オノマトペの日本語文法への強いかかわりを示唆した点は高く評価できる。しかし議論展開に 3 つの大きな問題点がある。以下に Wehmeyer (2017) が swarm 交替現象の説明に必要だとする 2 種類 (1 対) ((13) は主題型構文 (14) は場所型構文) の構文スキーマを示す。

(13) 主題型構文のスキーマ
　　　→部分的解釈 (Wehmeyer 2017: 97 を一部和訳したもの)

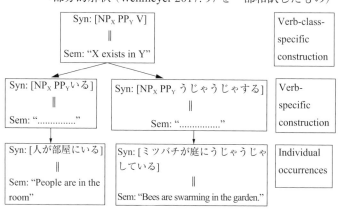

(14) 場所型構文のスキーマ
　　　→全体的解釈（Wehmeyer 2017: 98 を一部和訳したもの）

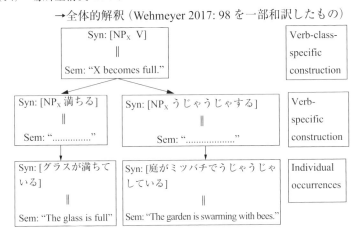

　第1の問題点は，2種類の構文の必要性を説く根拠の1つに，主題型文と場所型文では解釈が異なる点を挙げていることである。この解釈の違いとはFillmore (1967: 76) 等で観察され，Anderson (1971: 389) により名付けられた主題型文にあるとされる"partitive interpretation"（部分的解釈）（ミツバチが庭の一部に密集している）と場所型文にあるとされる"holistic interpretation"（全体的解釈）（庭全体にミツバチが密集している）のことである。
　岸本 (2001: 109) が「部分的解釈と全体的解釈の違いは，動詞本来の意味や語用論的な要素に影響され，壁塗り構文 [本稿での Swarm 交替構文] において常に明確に現れるとは限らない。」と述べているように，(15) の「充満する」,「満杯だ」,「満ちる」では，主題型文も場所型文もいずれも全体的解釈しかあり得ない。

(15) a.　ガスが部屋に充満した。／部屋がガスで充満した。
　　　　　　　　　　　　　　　　　　　　　　　　（Kishimoto 2001: 76）
　　 b.　荷物がトラックに満杯だ。／トラックが荷物で満杯だ。
　　　　　　　　　　　　　　　　　　　　　　　　（岸本 2012: 180）
　　 c.　家の中に青い煙が満ちている。／青い煙で家の中が満ちている。

(Kageyama 1980: 37)

このように，交替に参加できるすべての動詞が2つの解釈を生ずることになるとは限らないことから，解釈の違いを2つの構文の必要性に結びつける点は説得性を欠く。

2番目の問題は構文の内容である。(13)と(14)はIwata (2008)をモデルに提案されたもので，スキーマの最上部は「動詞クラスごとの構文」，その下が「動詞ごとの構文」，そして一番下が「個々の例」となっている。しかし「動詞クラスごとの構文」のクラスがどのようにして決められるのかという判断基準は示されていない。さらに，2つのスキーマから分かるように「うじゃうじゃする」には全く異なる2つの意味があるとされ，主題型構文に入るほうは"X exists in Y"という意味で「いる」と同類の語，場所型に入るほうは"X becomes full"という意味で「満ちる」と同類の語となっているが，こうした動詞間の関連づけを裏付ける証拠は何も挙げられていない。また「満ちる」は(15c)に示すように場所型だけではなく主題型文にも使えることから，「満ちる」は「いる」と同類の語で，"X exists in Y"という意味を持つ，ということになる。しかし「満ちる」はあくまで動的な「充満」の意味 (become full) を表し，単なる存在を表すとは考えにくい（いる，満ちる，うじゃうじゃする，の意味については第4.1節でさらに詳しく検証する）。

3番目に，Wehmeyer (2017) は1対の統語構造（主題型構文：Syn: [NP$_X$ PP$_Y$ V] (13)；場所型構文：Syn: [NP$_X$ V] (14)）を提案しているが，格がどのようにして主題NPや場所NPに付与されるのかは説明されていない。

これらの問題点から，swarm交替構文の特徴が十分に説明されているとは言えない。以下では，代案として，RRGの視点に立ち，統語構造・意味構造の姿とその関係について考察を行う。

## 4. RRGからみたSwarm交替
### 4.1 動詞の語彙的アスペクト

RRGにおける統語分析の出発点は動詞の語彙的アスペクトにあると言って過言ではない。まず，それを知ることにより，意味構造が想定され，そこから統語構造へとリンクされるからである（日本語でのRRGの理論概要は

中村・佐々木・野瀬 2015 を参照)。

RRG では動詞の意味は Logical Structure (LS) という語義分解表記により表される。議論の関連上，ここでは Vendler (1957 [1967]) の類型 (状態，到達，達成，活動) に金田一 (1976) からの 1 クラス (第 4 種の動詞) を足した 5 種類を紹介する[8]。 類型の分別は表 1 にまとめた判別テストを用いて行う (cf. Toratani 2007, 中村・佐々木・野瀬 2015)。まずは (16) に Vendler の類型とその LS の例を示す。

(16) 動詞の分類と LS
状態：**predicate'** (x) (例：いる = **exist'** (x) )
活動：**do'** (x, [**predicate'** (x)]) (例：笑う = **do'** (x, [**laugh'** (x)]))
到達：INGR **predicate'** (x) (例：割れる = INGR **shattered'** (x) )
達成：BECOME **predicate'** (x) (例：融ける = BECOME **melted'** (x))

**状態動詞**は静的状態を表し，その事態は終結点を持たない。非過去形(ある，できる [能力]，におう) で現在の状態を表す。また，その状態を表すのに「〜ている」が付けない (*人がいている) か，非過去形・「〜ている」の両方の形で現在の状態を表すものもある (その山は県境に位置する。／位置している。)。**活動動詞**は変化を伴わない動的事象を表し，その事態は終結点を持たない。非過去形(歩く，笑う) で現在の習慣または未来の事象を表す (僕は家の周りを {毎日／明日} 歩く。)。「〜ている」の形で現在進行中の事象を表す (今歩いている。)。終結点を持たないため *for-* 句 (5 分間，2 ヶ月間) と共起するが，*in-* 句 (5 分で，2 ヶ月で) と共起しない ({5 分間／*5 分で} 笑った。(ただし事象開始までの時間をいうものではない))。**到達動詞** (割れる，死ぬ) は，終結点は持つが，時間の幅を持たない。**達成動詞** (融ける，満ちる) は終結点を持ち，時間の幅も持つ。両方とも *for-* 句と共起しないが (5 分間 {*死んだ／*融けた} (ただし事象完了前の相を指すものではない))，*in-* 句とは時間の幅さえ適合すれば共起できる (一瞬で割れた／5 分で融けた)。いずれの類型も非過去形で習慣・未来を表し，「〜ている」が付いて事

---

8　Van Valin (2005) では 12 の類型が提案されている。

態完了後の結果状態を表す（魚が死んでいる→死んだから今死んでいる。／雪が融けている→融けたから今融けている。）。

　では第4種の動詞が (16) とどうかかわるのか。実は**第4種の動詞**（聳える，青い目をする）は"欠陥のある"到達動詞である。なぜなら，形態としては「～ている」を必ず伴わなければならず，「～ている」が付いてはじめて状態を表す「状態動詞」だからである（その人形は青い目をしている。／*青い目をする。）。第4種の動詞は，過去形は非文である（*その人形は青い目をした。）が，正規の状態動詞では正文である（いた，におった，等）。

　もちろん，文脈などで容認度が多少変わるかもしれないが，基本的な判別はこれらのテストの組み合わせでできるはずである。

表1　動詞の類型判別テスト

| 判別テスト | 状態 | 第4種 | 活動 | 到達 | 達成 |
|---|---|---|---|---|---|
| 1. 非過去形の解釈 | 状態 | － | 習慣・未来 | 習慣・未来 | 習慣・未来 |
| 2. ～ている | × | 現在の状態 | 進行中 | 結果状態 | 結果状態 |
| 3. *for-* 句との共起 | × | × | ○ | × | × |
| 4. *in-* 句との共起 | × | × | × | ○ | ○ |
| 5. 過去形 | ○ | × | ○ | ○ | ○ |
| 6. 徐々に | × | × | × | × | ○ |

　では，この判別テストを用い，Wehmeyer (2017) が想定した点，「うじゃうじゃする」が一方では"X exists in Y"という意味を持つ「いる」と同類の語（同レベルの下位語），もう一方では"X becomes full"という意味を持つ「満ちる」と同類の語である，という点を検証してみよう。

　「いる」は，(17a) に示すようにその形で現在の状態を表し，「～ている」と共起できないことから，正真正銘の「状態動詞」である（金田一 1976: 7–8）。一方，「うじゃうじゃする」は (17b) にあるように「～ている」と共起しなければ現在の状態が表せない。また，(17d) で示すように過去形も容認度が低いことから，「うじゃうじゃする」は第4種の動詞だと判定してよいだろう。

(17) a.　人が部屋にいる。（*人が部屋にいている。）

b. ミツバチが庭にうじゃうじゃしている。

c. *ミツバチが庭にうじゃうじゃする。

d. *ミツバチが庭にうじゃうじゃした。

次に「満ちる」は「〜ている」の形で，結果状態を表す（水が水槽に満ちている。）。また，*in-* 句とは共起するが *for-* 句とは共起しない（水が {5 分間で／*5 分間} 満ちた。）。さらに，「徐々に」と共起できる（水が徐々に満ちた。）ことから「満ちる」は「達成動詞」だと判別できる。

これらの点より少なくとも語彙的アスペクトの意味において「うじゃうじゃする」が「いる」・「満ちる」のいずれの語とも同類であるとは言い難い。

次に，第 2 節に挙げた代表的な例を用い swarm 交替に参加できる動詞の類型を調べる。(18) は判別の結果である。例文の中の番号は判別テスト（表1）の番号を示す。

(18) a. 散らかる（占有・豊富）：1. 瓶が散らかる（習慣・未来）；2. 瓶が散らかっている（結果状態）；3/4. 瓶が公園に {*5 分間／短時間で} 散らかった；5. 瓶が散らかった；6. 瓶が徐々に散らかった→達成

b. プンプンする（におい）：1. 生ゴミのくさい臭いがプンプンする（状態）；2. くさい臭いがプンプンしている（継続状態？）；3/4. くさい臭いが {?5 分間／*5 分で} プンプンする；5. くさい臭いがプンプンした；6. *くさい臭いが徐々にプンプンした→状態，または活動？

c. 輝く（光の放出）：1. 星が空に輝く（（恒常的）状態？習慣・未来？）；2. 星が空に輝いている（状態）；3/4. 星が空に {*5 分間／*5 分で} 輝く；5. *星が空に輝いた；6. *星が徐々に輝いた→状態，または第 4 種？

d. ジュージューいう（声・音）：1. 鉄板がジュージューいう（習慣・未来）；2. 鉄板がジュージューいっている（現在進行中の状態）；3/4. 鉄板が {5 分間／*5 分で} ジュージューいっている；5. 鉄板が

ジュージューいった：6. *鉄板が徐々にジュージューいった→活動

「散らかる」は達成動詞，「ジュージューいう」が活動動詞であるという点は間違いないだろう。「プンプンする」は判定が難しいが，非過去形で状態を表すことから状態動詞とみなすことにする。「輝く」のクラスは定かではないが「〜ている」が付いて状態を表し，過去形の容認度が低いことから状態より第4種の可能性のほうが高いように思える。

このように swarm 交替に参加できる動詞のそれぞれの類型は異なるかもしれないが，共通点が1つある。それは，状態動詞は非過去形，それ以外は「〜ている」がついた形で，終結点のない (atelic) 状態，つまり静的状態（プンプンする，うじゃうじゃしている，輝いている）もしくは，現在進行中の動的状態（ジュージューいっている）のいずれかを表すという点である。この2タイプを「Swarm タイプ」（静的状態）と「音タイプ」（動的状態）と呼ぶことにして，それぞれの動詞を中心とした交替構文の意味構造・統語構造とそのリンキング（意味→統語）について次に考察する。

## 4.2 リンキング：Swarm タイプ

Swarm 交替現象に関し，最初に出てくる疑問は1つの動詞につき，いくつの LS が必要か，という点である。語彙規則 (Lexical Rule) 説では，1つの LS から別の LS を派生させるので，2つ必要だということになる。

しかし，RRG の観点からすると，例えば，INGR **predicate'** (x) → **predicate'** (x) というふうに，語彙規則で共通の定項述語を持つ LS 同士での派生関係を成立させることはできるが，"Y move into/onto Z" から "Z changes its state" (cf. 岸本 2012: 186) といった共通の定項述語のない LS 同士を語彙規則で関連づけることはできない。よって語彙規則説が排除されることとなり，そうなると残る可能性は2つある：1つは該当する動詞が多義で全く異なる意味を持つため，その動詞に2つの見出し (LS) があるとする可能性；もう1つは，動詞の意味は1つだけで（つまり LS は1つ）「意味の違い」ではなく文全体の「解釈の違い」として統語部門に対応を譲る方法。本稿は，Swarm タイプに関しては，後者の立場をとる。なぜなら，交替構文の中の動詞自体に意味の違いがあるとは考えないからである。例えば「満ちる」は主題型・

場所型のいずれの文に入っても「余地なく詰まる」という意味を維持している。同様に「うじゃうじゃする」もどちらの文で使われても，「小さい虫などが群がる」という意味を持ち，部分的解釈・全体的解釈といった文の解釈の違いはあるかもしれないが，動詞自体の意味には変わりはないと考える。

では LS はどのように表示すべきか。「うじゃうじゃする」を例にとってみよう。前節で述べたように，「うじゃうじゃする」は"欠陥のある"到達動詞である。「～ている」を伴った形で，状態動詞となり，その意味は「虫などの集合体の存在」と考え，(19) の LS を仮定する[9]。(20) は (3) の意味を捉えたものである。

(19)　うじゃうじゃしている：**be-at'** (x, y)，ただし x= 場所，y= 集合体
(20)　(3a/b)：**be-at'** (庭, ミツバチ)

次に問題になるのが，(19) の LS がどのようにして統語にリンキングされるか，という点である。

重要となるのが「マクロロール（一般的意味役割）」という概念である。マクロロールは行為者（Actor）と受動者（Undergoer）より成り図 2 の Actor-Undergoer Hierarchy（行為者・受動者階層）[AUH] という階層を成す（cf. 中村・佐々木・野瀬 2015）。

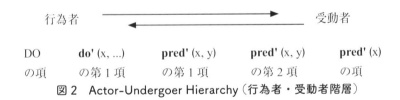

図 2　Actor-Undergoer Hierarchy（行為者・受動者階層）

マクロロール選択には「デフォルトマクロロール付与原則」があり AUH を参考にどの項がマクロロールに選ばれるかが決められる。述部に活動動詞

---

[9] これらの LS はリンキングの目的のために簡略化されたもので「うじゃうじゃする」の本来持つ「重なり合い絡み合い気味悪く動く」といった詳細な様態の意味は省略してある（cf. Murata 1997: 105）。

のLSを持たない場合，マクロロールは受動者となる（"If the verb has no activity predicate in its logical structure the macrorole is undergoer"）（Van Valin 2005: 63）。（20）の場合，2項状態述部なので x, y のどちらが受動者に選ばれるかという選択になる。図2の階層より，y項のほうが低い位置にあるので，y項が受動者に選ばれる（無標な選択）。さらに，項の中で唯一のマクロロールは Privileged syntactic argument [PSA]（特権的統語的項）であり（Van Valin 2005: 101），PSA選択階層の中で最も高い位置にあると解釈される[10]。日本語のような主格 − 対格による格体系を持つ言語では，最も高い位置にあるマクロロールが主格標示を受ける（"Assign nominative case to the highest ranking macrorole"（Van Valin 2005: 108, 2007: 41–42））ため y項（ミツバチ）が主格標示を受けることになる。

　一方 x項は，項と付加詞の中間的存在（マクロロールでも付加詞でもない項）で core argument（核内の項）と呼ばれるものである。核内の項の格は（21）にあげる非マクロロール格付与規則の b − 条項（無標な選択の場合）に従い決められる。

(21)　非マクロロール格付与規則

a.　Assign instrumental case to non-MR *b* argument if, given two arguments, *a* and *b*, in a logical structure, with (1) both as possible candidates for a particular macrorole and (2) *a* is equal or higher (to the left of *b*) on the AUH, *b* is not selected as that macrorole.

（Van Valin 2007: 42）

b.　Assign dative case to non-macrorole direct core arguments (default).

（Van Valin 2007: 42）

(21b) により，x項（庭）は与格（dative case）標示を受けることになり，（20）は図3のようなリンキングとなる。

---

10　PSA選択階層とは「DOの項 > **do'** (x, ...) の第1項 > **pred'** (x, y) の第1項 > **pred'** (x, y) の第2項 > **pred'** (x) の項」である（Van Valin 2005: 100）。

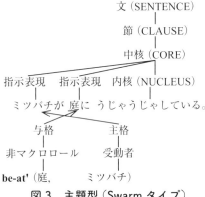

図3 主題型（Swarm タイプ）

図3のように LS の中の最も低い位置にある y 項がマクロロールとなるのがデフォルト（無標）の選択だが，図2から分かるように，2項状態述部の場合，x 項もマクロロールの候補である．有標な選択では x 項（庭）が受動者に選ばれ（Van Valin and LaPolla 1997: 146），主格標示を受けることとなる（Van Valin 2005: 108, 2007: 41–42）．y 項（ミツバチ）は，非マクロロール格付与規則の a – 条項（21）に従い，具格（instrumental case）標示を受けることになり，図4のようなリンキングとなる．

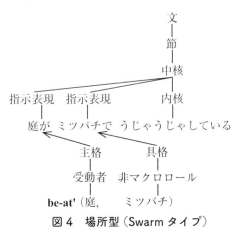

図4 場所型（Swarm タイプ）

次のタイプに移る前に無標・有標の選択は統語的な規則に基づくものではなく認知的な選択であることを確認しておきたい（図1参照）。Talmy（2000: 315–316）によれば，Figure（図）と Ground（地）は典型的な物理的特色を持つ。図は通常，小さく移動などができるもので上の例の場合「ミツバチ」が図にあたる。一方，地は固定された大きいもので上の例の場合「庭」が地にあたる。通常，図のほうが際立つのでそれを前景化し「ミツバチが庭にうじゃうじゃしている。」という表現が得られる。一般的ではないが地を前景化させることも可能で，その場合は「庭がミツバチでうじゃうじゃしている。」という表現になる。後者が文脈なく発話されるとややぎこちない文に感じるのは非典型的なものが前景化されているためである。統計的な支持が必要となるが，これを反映し主題型文のほうが場所型文より使用頻度も多いはずである。

## 4.3　リンキング：音タイプ

まず，音タイプと Swarm タイプとでは主題型文内の格標示が異なることに着目しよう（cf. 注5）。

(22) a.　ミツバチが庭にうじゃうじゃしている[11]。（Swarm タイプ）

　　 b.　子供達が入り口でガヤガヤしている。（音タイプ）

(23) a.　Bees are swarming in the garden.

　　 b.　The kids are buzzing in the hall.

(23) が示すように英語では，主題型文の場所は Swarm タイプも音タイプも in- 句で表される。しかし日本語は (22a) と (22b) の違いから明らかなように Swarm タイプは与格，音タイプは具格で場所を標示する。この違いは動詞の動性を反映していると思われる。(24) に示すように，「いる」といった位置を表す状態動詞の場所は与格，「遊ぶ」といった活動動詞の場所は具格

---

11　この例文に関して場所の「に」を「で」に置き換えた例が稀に Google 検索でみつかる（例：廊下でうじゃうじゃしている母達…）。この場合は「うじゃうじゃする」を強制（coercion）により活動動詞（「群がり動いている」の意味）として解釈して用いているために場所が「で」で標示されているのだと思われる。

で標示される。

（24）a.　子供達が庭に（*で）いる。
　　　b.　子供が庭で（*に）遊んでいる。

（22b）と（24b）の格標識のパターンが同じことから，音タイプの動詞は活動動詞であることが予測される。（18）に倣い，判別テストにかけるとそれが確認できる。

（25）　1. 子供達がガヤガヤする（習慣・未来）；2. 子供達がガヤガヤしている（現在進行中）；3/4. 子供達が {5 分間／*5 分で} ガヤガヤした；5. 子供達がガヤガヤした；6. *子供達が徐々にガヤガヤした→活動

これに基づき，その LS は（26）にあげるものとする。

（26）　ガヤガヤする：**do'** (x, [**buzz'** (x)])　（ただし x は複数名詞）

（26）の LS に場所の要素は含まれていない。なぜなら「庭で遊ぶ，入り口でガヤガヤする」等に現れる活動の場所を限定する後置詞句は付加詞と判断するからである。付加詞は述部的後置詞句の LS be-at' (x, y[LS]) を持ち（Van Valin 2005: 48），事象全体 [LS] を y 項にとり（22b）の意味構造は（27）のようになる。

（27）　**be-at'**（入り口, [**do'**（子供達, [**buzz'**（子供達)])))

この構造より，リンキングも Swarm タイプとは異なる。第 1 の作業は，マクロロールを同定することにある。まず **be-at'** の第 1 項（入り口）は付加詞の後置詞句「で」が導入したものなのでマクロロール選択の対象から外れる。よって，行為者・受動者階層（図 2）の対象となるのは，**do'** の x 項のみとなり，この行為者（子供達）が主格標示を受ける（Van Valin 2005: 108, 2007:

41–42)。よって (22b) は図 5 のようなリンキングとなる。

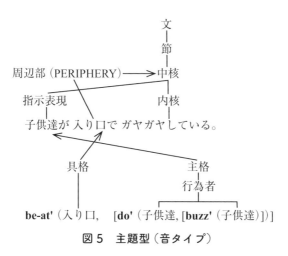

**図 5　主題型（音タイプ）**

　この場合の「入り口で」は付加詞なので統語構造では周辺部におさめられているという点が Swarm タイプの統語構造とは異なる。
　では，場所型はどうだろうか。交替文を下に繰り返す。

(28) a.　入り口が（子供達で）ガヤガヤしている。（場所型）
　　 b.　子供達が（入り口で）ガヤガヤしている。（主題型）

(28) に示すように音タイプは場所型・主題型両文とも具格標示を持つ。さらに括弧で示したように具格標示を受けた後置詞句の省略が可能である。しかしその理由が異なるようだ。主題型の場合は具格による付加詞が純粋な修飾部であるという文法的な意味で省略が可能である。一方，場所型の具格は推意 (cf. Grice 1975) により，省略が可能であると思われる。つまり「ガヤガヤする」のは人間（またはその下位セット）に決まっているから，わざわざ言及しなくても文が成立する。こうした省略の可能性は場所と音の発生源がいかに容易に結びつけられるかという語用論上の関係に左右される。

(29) a. ソーダ水が（泡で）シューシューいっている。
　　 b. 瓶がミツバチでブンブンいっている（? 瓶がブンブンいっている）。
　　 c. 会場がバンドの音で鳴り響いている（? 会場が鳴り響いている）。

　例えば，(29a) において「ソーダ水」という語から音の源がソーダ水の泡であるということを我々は容易に想像できる。よって (29a) は「泡で」を省略しても容認できる。しかし，(29b) では「瓶」という言葉からは，何がブンブンいっているのか類推するのは難しい。よって，その音の源「ミツバチ」が省略された文は容認度が低くなる。(29c) も同様の点が言える。ではこれを LS でどう表示すべきか。
　まず，音の発生源は発話上，省略されたとしても，意味構造の中には存在すると考える。例えば (28a) では，「ガヤガヤする」から声の発生源である人間（子供達）が意味構造の中には存在すると考える。さらに，入り口は物であり，声を発することは不可能であるから，この入り口が子供を含んでいると考え，これを所有の LS「**have'** (x, y)（x = 所有者，y = 所有物）」(30a) で表すことにする。さらにこの LS が **do'** (x, [**buzz'** (x)]) と同時成立すると考えその関係を "∧" で表す。これより，(28a) の意味構造は (30b) となる。

(30) a. **have'**（入り口, 子供達）
　　 b. [**do'**（入り口, [**buzz'**（入り口）]）] ∧ [**have'**（入り口, 子供達）]

　リンキングのためには，まずマクロロールを同定する必要がある。(30b) では **do'** の第1項（入り口）と，**have'** の第2項（子供達）の比較になる。行為者・受動者階層（図2）より，**do'** の x 項のほうがより高い位置にあるので，マクロロールとなり「入り口」が主格標示を受ける（Van Valin 2005: 108, 2007: 41–42）。もう一方の **have'** の第2項は，マクロロールと直接には関係しないので非マクロロール（core argument（核内の項））と考え，非マクロロール格付与規則 a − 条項より，具格標示を受けることになり，図6のようなリンキングとなる。

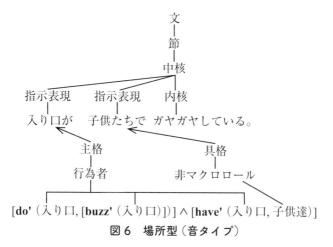
図6 場所型（音タイプ）

以上，本節ではswarm交替構文には2種類の統語構造ではなく，4種類の統語構造があることを示した。

## 5. おわりに

　本稿は日本語のswarm交替に参加できる動詞の特徴をDowty (2000, 2001) を参考に観察し，日本語のswarm交替構文が描写する事態は，ある場所空間の至るところに占有物が存在する「充満」（岸本2012）という概念で表すのがふさわしいと指摘した。次に，交替構文の統語的特徴をRRGの枠組みで考察した。Wehmeyer (2017) では交替する文を1対の構文として扱う一律のアプローチがとられた。これに対し本稿はswarm交替に参加できる動詞は2種類あり（静的状態を表す「Swarmタイプ」と動的状態を表す「音タイプ」），2者では主題型構文・場所型構文それぞれにおいて意味構造・統語構造が異なることを議論した。また動詞の語彙的アスペクトが交替構文の統語的特徴を理解する上で重要な役割を果たすことを確認した。

付記：本稿は，第11回RRG国際学会（2011年8月），関西認知言語学研究会（2012年6月），第14回RRG国際学会（2017年8月）で発表した内容を加筆・修正したものです。会場においては特に松本曜・秋田喜美両氏に詳細なコメントを頂きました。また岸本秀樹氏には貴重な指摘を受け，有益なコメントも頂戴しました。深くお礼申し上げます。もとより本稿に含まれうる誤り・誤解の責任はすべて著者にあります。

## 参照文献

Anderson, Stephen (1971) On the role of deep structure in semantic interpretation. *Foundations of Language* 7: 387–396.

Aske, Jon (1989) Path predicates in English and Spanish. *Proceedings of the 15th Annual Meeting of the Berkeley Linguistics Society* 1–14.

Dowty, David (2000) 'The garden swarms with bees' and the fallacy of 'argument alternation'. In: Yael Ravin and Claudia Leacock (eds.) *Polysemy: Theoretical and computational approaches*, 111–128. Oxford: Oxford University Press.

Dowty, David (2001) The semantic asymmetry of 'argument alternations' (and why it matters). *GAGL: Groninger Arbeiten zur germanistischen Linguistik* 44: 171–186. https://ugp.rug.nl/GAGL/issue/view/4174 [accessed December 2018].

Fillmore, Charles (1967) The case for case. *Proceedings of the Texas Symposium on Language Universals* 1–134.

Grice, Paul (1975) Logic and conversation. In: Peter Cole and Jerry L. Morgan (eds.) *Syntax and semantics*, volume 3, 41–58. New York: Academic Press.

Iwata, Seizi (2008) *Locative alternation: A lexical-constructional approach*. Amsterdam and Philadelphia: John Benjamins.

Kageyama, Taro (1980) The role of thematic relations in the spray paint hypallage. *Papers in Japanese Linguistics* 7: 35–64.

Kageyama, Taro (2007) Explorations in the conceptual semantics of mimetic verbs. In: Bjarke Frellesvig, Masayoshi Shibatani, and John Charles Smith (eds.) *Current issues in the history and structure of Japanese*, 27–82. Tokyo: Kurosio Publishers.

金田一春彦 (1976)「動詞の一分類」『日本語動詞のアスペクト』5–26. 東京：むぎ書房.

Kishimoto, Hideki (2001) Locative alternation in Japanese: A case study in interaction between syntax and lexical semantics. *Journal of Japanese Linguistics* 17: 59–81.

岸本秀樹 (2001)「壁塗り構文」影山太郎 (編)『日英対照　動詞の意味と構文』100–126. 東京：大修館書店.

岸本秀樹 (2006)「「山盛りのご飯」のゲシュタルトと場所格交替」影山太郎 (編)『レキシコンフォーラム No. 2』233–250. 東京：ひつじ書房.

岸本秀樹 (2012)「壁塗り交替」澤田治美 (編)『ひつじ意味論講座 2 構文と意味』177–200. 東京：ひつじ書房.

Kövecses, Zoltán (2002) *Metaphor: A practical introduction*. New York: Oxford University Press.

Levin, Beth (1993) *English verb classes and alternations*. Chicago: University of Chicago Press.

森川文弘 (2018)「自動詞場所格交替に生じる動詞の日英比較」『姫路獨協大学外国語学部紀要』31: 53–66.

Murata, Tadao (1997) The syntax and semantics of spray/load verbs. In: Taro Kageyama (ed.) *Verb semantics and syntactic structure*, 97–114. Tokyo: Kurosio Publishers.

中村渉・佐々木冠・野瀬昌彦 (2015) 『認知類型論』東京：くろしお出版.

Pinker, Steven (1989) *Learnability and cognition: The acquisition of argument structure.* Cambridge, MA: MIT Press.

Salkoff, Morris (1983) The bees are swarming in the garden: A systematic synchronic study of productivity. *Language* 59(2): 288–346.

Slobin, Dan and Nini Hoiting (1994) Reference to movement in spoken and signed language: Typological considerations. *Proceedings of the 20th Annual Meeting of the Berkeley Linguistics Society* 487–505.

Talmy, Leonard (2000) *Toward a cognitive semantics, volume II.* Cambridge, MA: MIT Press.

Toratani, Kiyoko (2007) A semantic and pragmatic account of the *-te-ar* construction in Japanese. *Journal of Japanese Linguistics* 23: 47–75.

Toratani, Kiyoko (2011) Swarm alternation in Japanese. Paper presented at RRG conference. Pontificia Universidad Católica de Chile, August 11, 2011.

Toratani, Kiyoko (2015) Iconicity in the syntax and lexical semantics of mimetics in Japanese. In: Masako K. Hiraga, William J. Herlofsky, Kazuko Shinohara, and Kimi Akita (eds.) *Iconicity: East meets West*, 125–141. Amsterdam and Philadelphia: John Benjamins.

Van Valin, Robert D. Jr. (2005) *Exploring the syntax-semantics interface.* Cambridge: Cambridge University Press.

Van Valin, Robert D. Jr. (2007) The Role and Reference Grammar analysis of three-place predicates. *Suvremena Lingvistika* 63: 31–63.

Van Valin, Robert D. Jr. and Randy LaPolla (1997) *Syntax: Structure, meaning and function.* Cambridge: Cambridge University Press.

Vendler, Zeno (1957[1967]) *Linguistics in philosophy.* Ithaca, NY: Cornell University Press.

Wehmeyer, Ann (2017) *Swarm*-type mimetic verbs in Japanese. In: Noriko Iwasaki, Peter Sells, and Kimi Akita (eds.) *The grammar of Japanese mimetics: Perspectives from structure, acquisition and translation*, 73–102. London and New York: Routledge.

# 第2章

# 分散形態論と日本語の補充

## 存在動詞「いる」と「おる」の交替

### 田川拓海

**要旨**

　尊敬の「られ」に前接する場合に存在動詞「いる」が「おる」という形態になる現象は，現代日本語（共通語）において数少ない典型的な補充現象の1つである。補充形「おる」は尊敬の「られ」や丁寧の「ます」等複数の環境によって引き起こされるが，それが義務的であるか随意的であるかに違いが見られる。これらの性質の異なる複数の環境を組み合わせて「おる」の振る舞いを見ることにより，分散形態論を用いた形態統語的分析と補充形の具現を左右する局所性に関する原理の妥当性を検証することができる。

**キーワード：** 分散形態論，補充，異形態，存在動詞，尊敬の形式，局所性

## 1. はじめに

　本論文では，(1) に例示されるような現代日本語（共通語）における存在動詞「いる」の補充（suppletion）に対して，分散形態論（Distributed Morphology: 以下 DM）を用いた分析を提案する。

(1) a.　教室に先生がいる。
　　b.　教室に先生が {おられます|*いられます}。（「尊敬」の文脈で）

このように，現代日本語（共通語）では尊敬の「られ」に前接する場合「い

[27]

る」はそのままの形態では現れることができず,「おる」という形態になる。

　本論文の主張は次の通りである。1) 日本語には補充に該当するように見える現象がいくつか存在するが,存在動詞「いる」に関する現象はその中でも典型的な補充である可能性が高い,2) 存在動詞「いる」の補充を引き起こす環境は複数存在し,環境によって補充そのものの性質が異なっている,3) DM によって研究が進められている補充を文脈異形態（contextual allomorphy）として分析するアプローチを用いて「いる」の補充形態の分布も的確に捉えることができる。

　補充は Bobaljik（2012）や Bobaljik and Harley（2017）の研究の成果によって DM を中心に形態統語論研究の重要なテーマの1つとして注目されており,その観点から日本語における形態現象を見直すことは DM の研究に資するだけではなく新たな研究領域の開拓にもつながることが期待される。

　第2節ではまず補充が持つ性質とそれらに関わる条件を整理する。第3節では存在動詞「いる」の補充に対する記述的整理を行い,第4節で DM を用いた分析を提示する。第5節で本論文の理論的含意と課題についてまとめる。

## 2.　日本語と補充

### 2.1　補充（法）

　補充（法）（suppletion）や補充形（suppletive form）という用語は言語学や形態論の専門的な議論の場でなくても用いられることは珍しくなく,例がすぐに思い浮かぶ人も多いだろう。たとえば『明解言語学辞典』では次のように紹介されている。

　　(2)　　補充（suppletion）とはある語の屈折形として別の語を用いることである。　　　　　　　　　　　　　　　　　　　（『明解言語学辞典』：61）

　専門的には,さらに細かい分類がなされることがある。たとえば,Corbett（2007）は完全補充／部分補充という区別を行っている。

（3）　完全補充（full suppletion）／部分補充（partial suppletion）[1]

（Corbett 2007: 15）

    a.　go ～ went（full suppletion）

    b.　think ～ thought（partial suppletion）

go/went のペアでは音韻的な類似性が一切なく，一方から他方を音韻規則によって導くのは困難である。一方 think/thought のペアでは頭子音が同一であるという音韻的な類似性があり，一方から他方を音韻規則によって導く分析がなされることもある。この点で部分補充は典型的な補充ではなく，実際，英語の不規則形態の分析において think/thought のペアが補充として言及されることは管見の限り少ない。現代の形態論研究でも，完全補充のような基本となる語形とは見た目が大きく異なる語形（変化）のことを補充として取り扱っていることが多いようである。

　現代日本語（共通語）を対象にした研究ではそもそも「補充」という観点からの研究自体が少ないが，「する」の可能の形態として「できる」が現れるのはその1つ（田川 2015, Oseki and Tagawa 2019）であると考えられる。これが「する」と -(r)are の形態的な組み合わせの問題でないことは，受身や尊敬の環境では s-are という形態が可能なことから分かる。

（4）　「する」と「できる」[2]

    a.　太郎が部屋を掃除した。

    b.　太郎が部屋を掃除 {deki | *s-e | *si-rare}-ta

    c.　受身：太郎が親に部屋を掃除 s-are-ta

## 2.2　日本語における不規則形態と補充の条件

　Corbett（2007）や Bobaljik（2012）等，複数の言語の補充現象を取り扱っている研究においても，その言語における典型的な補充現象は何かという点に

---

1　"strong/weak suppletion" という用語が用いられることもある（Corbett 2007: 16）。

2　以下，本論文では正確な形態論的分析を示すために，例文の一部をローマ字表記することがある。

30 ｜ 田川拓海

ついてそれほど問題や見解の相違があるようには見受けられない。

　一方で日本語については，典型的な補充現象が存在するのか，存在するならそれはどの範囲までなのかというような問題についてそもそもあまり焦点が当てられてこなかったようである。また，個別の形態現象に言及する際に補充との関わりに言及されることがあるものの，補充という観点からの詳細な記述というのも管見の限りなかなか見つからない。

　たとえば，以下は Surrey Suppletion Database[3] に収録されている日本語の補充を拾い上げたものであるが，取り上げられている語だけを見ても断片的であると言わざるをえない。

(5)　Surrey Suppletion Database に収録されている日本語の補充
　　　ある：ない，行きます：いらっしゃいます：まいります，来ます：いらっしゃいます：まいります，います：いらっしゃいます：おります，言う：おっしゃる：申し上げる，見る：ご覧になる：拝見する，飲む：召し上がる：いただく，食べる：召し上がる：いただく，します：なさいます：いたします

　以上のような状況に鑑み，ここでは簡単にではあるが日本語における不規則形態をいくつか取り上げ，補充という観点から研究を行うに当たってどのようなことを考えなければならないのか整理する。

　まず日本語のような補充現象の存在すらはっきりとしていない言語において典型的な補充を判別するために，下記のような 3 つの条件を基準として考えることを提案する。これらの条件を多く満たすほど典型的な補充であるということになる。ここでは，典型的な補充であると考えられている go/went を例として付す。

(6)　補充認定の条件
　　a.　同一性条件：当該の形態が基本となる形態と同一の Root[4]／語彙

---

3　http://www.smg.surrey.ac.uk/suppletion/

4　DM では語彙素のような単位は採用せず，Root という範疇未指定の要素を基盤にして動

素を持つ

例）went は語彙素 GO から導かれる語形である[5]

b. 非類似条件：当該の形態が基本となる形態と音韻的な類似性を持たず，一方から他方を規則的に導くことができない

例）go と went には音韻的類似性がない

c. 唯一性条件：その環境における形態として，当該の形態のみが現れる

例）went は go の過去形としてしか現れない

違反1：当該の形態とは別に規則的な形態も可能である

違反2：当該の形態以外にも補充形の候補がある

違反3：当該の形態が補充形以外の環境で生起する


この3つの条件の中で最も決定的なものは (6a) の同一性条件であり，それを確認するテストとしてイディオムの解釈を用いることが提案されている (Choi and Harley 2019)。テストの仕組みは，補充の候補である形態とその他の形態が同一の語を基盤にしたものであるならば，どの形態の場合もイディオムの解釈が保持されるというものである。このテストは有用であるが，どの形態に対しても必ず利用可能なイディオムが存在するわけではないという難点がある。

ではここから日本語の不規則形態や異形態が補充という観点からどのように整理されるのか[6]，(6) の条件を基準に検討していく。

まず，上で日本語の補充における有力な候補として紹介した「する／できる」のペアから見る。

(7a, b) に見られるように，「口にする」という組み合わせで「言う」という意味を持つイディオムは，「する」を「できる」に変えてもイディオムの解釈が保持される。従って同一性条件を満たしている。

---

詞や名詞が形成されると考える。Root の概略については Bobaljik (2017) を参照されたい。

5　補充認定の条件自体は，特定の理論に依拠せず用いることができるものを目指している。よってここでは本論文で採用している DM とは対立する立場を取るパラダイム基盤 (paradigm-based) の形態理論において採用される語彙素を例に用いている。

6　以下で挙げる形態を広く補充として取り扱っているものに，上野 (2016) がある。

(7) 「する／できる」に対するイディオムテスト

    a. 太郎は思ったことを素直に口にする（＝言う）。

    b. 太郎は思ったことを素直に口にできない（＝言えない）。

また，「する」と「できる」は非類似条件も満たしていると言えよう。ただし，「できる」は発生・出現・生産の意味を持つ主動詞と同形態であるので，唯一性条件の違反 3 に当たる可能性がある。

(8) 家の向かいに新しいマンションができた。

たとえそうだとしても，同一性条件と非類似条件は満たしているのでやはり「する」の可能の形態としての「できる」は日本語における典型的な補充の候補の 1 つであると言える。

　次に「ある」とその否定の形態としての「ない」について検討する。

　「ある」の規則的に予測される否定としての形態「あらない」が現れず「ない」という形態が用いられることについては日本語研究の文脈でも補充ではないかという指摘がなされることがある[7]（鈴木 1972: 299，矢田部 2002: 255）。

(9) 「ある」の否定の形態「ない」

    a. 机の上に書類がある。

    b. 机の上に書類が {nai | *ar-a-nai}

同一性条件については，たとえば「脈がある」というイディオムの「ある」を「ない」にしてもイディオムの解釈が保持されるので，満たしていると考えて良いであろう。

(10) 「ある／ない」に対するイディオムテスト

---

7　矢田部（2002: 255）は以下のように述べている。

　　この文に現れている「なかった」という文字列は，「あ r」という動詞語幹と否定辞「a なかった」とが隣接して生じた場合に用いられる補充法的形態だと考えられる。

a.　あの計画にはまだ脈がある（＝希望が持てる）。
　　b.　あの計画にはもう脈がない（＝希望が持てない）。

一方で，「ある」「ない」という形態のペアで見ると音韻的な類似性はない
が，「ない」は「あらない」という規則的な形態に含まれているので非類似
条件を完全に満たしているとは言い難い[8]。また，「ある」と関わらない動詞
の否定にも同形態が用いられるために唯一性条件の違反3にも該当する。

（11）　動詞の否定形態の「ない」
　　a.　太郎は納豆を {tabe | *tabe-ar}-(r)u
　　b.　太郎は納豆を tabe-nai

総合すると，同一性条件を満たすので補充である可能性は十分にあるが，類
似性条件と唯一性条件に問題がある点で「する／できる」のペアに比べると
典型的な補充とは言えないということになる。

　最後に，動詞の尊敬形について簡単に見る。これらはその形態的な不規則
性から日本語における補充の候補として考えることもできるが，形態論的に
比較的詳細な検討を行っている Thompson（2011）においてさえ，いくつか
補充である可能性が高い形態のペアに関する指摘がある程度である（Thompson
2011: 164）。

　不規則的な尊敬形を持つすべての動詞について検討可能なわけではない
が，イディオムテストを適用してみると尊敬形ではイディオムの解釈が保持
されないケースが多いようである。以下の例では，いずれの組み合わせでも
不規則的な形態の場合イディオムの解釈が保持されない。これは規則的な尊
敬の形態の場合はイディオムの解釈が保持されているのと対照的である。

（12）　「見る／ご覧になる」に対するイディオムテスト
　　a.　先生が痛い目を見た（＝ひどい体験をした）。

---

8　実際に，「あらない」から「あら」の部分を削除する分析が取られることがある（Kato
1985, 岸本 2005, cf. Yoda 2014）。

b. ＊先生が痛い目をご覧になった（＝ひどい体験をした）。

    cf. 先生が痛い目を見られた（＝ひどい体験をした）。

（13）「飲む／召し上がる」に対するイディオムテスト[9]

    a.  先生は厳しい条件を飲んだ（＝受け入れた）。

    b. ＊先生は厳しい条件を召し上がった（＝受け入れた）。

    cf. 先生は厳しい条件をお飲みになった（＝受け入れた）。

（14）「来る／いらっしゃる／お越しになる」に対するイディオムテスト

    a.  頭に来た人もいるかもしれません。

    b. ＊頭に　いらっしゃった／お越しになった　方も…

    cf. ?頭に来られた方も…

従って，「ご覧になる」「召し上がる」「いらっしゃる／お越しになる」は同一性条件を満たさず，対応する動詞の補充形と考えるのは難しい。

　また，動詞の尊敬形には唯一性条件を満たさないものも多い。たとえば，「飲む／召し上がる」の対応では規則的な形態の組み合わせである「お飲みになる」が可能であるし，「来る」に対しては「いらっしゃる」「お越しになる」という2つの不規則な対応形態の候補が存在する。(15)は唯一性条件の違反1，(16)は違反2に該当することを示している。また，「召し上がる」は「食べる」にも，「いらっしゃる」は「いる」にも対応するので，唯一性条件の違反3にも該当する。

（15）「飲む」の尊敬形

    a.  先生がワインを飲んだ。

    b.  先生がワインを {o-nomi-ni nar | mesiagar}-ta

（16）「来る」の尊敬形

    a.  先生が学校に来た。

    b.  先生が学校に {＊o-ki-ni nar | o-kosi-ni nar | irassyar}-ta

---

9　異なるイディオム「涙を飲む」でも「涙を召し上がる」にするとイディオム解釈が消え，やはり同一性条件を満たさないという結果が得られる。

分散形態論と日本語の補充 | 35

　不規則な尊敬形を持つ組み合わせはここで取り上げた「見る」「来る」の他にも「寝る／お休みになる」「着る／お召しになる」等，1モーラ語幹の動詞に集中しており[10]，規則的な形態 o-V-ni nar が許されないのは音韻的な制約によるもので不規則な形態の存在によって阻止（block）されているわけではないという可能性についても考える必要がある。

　Thompson（2011）も指摘するように動詞によって振る舞いが異なる可能性があるので一概には言えないが，動詞の尊敬形は同一性条件と唯一性条件の点で問題のあるものが多く，（典型的な）補充と考えられるものは多くなさそうである。

　以上見てきた補充の可能性がある形態と，それぞれが（6）の諸条件をどのように満たす（満たさない）のかについて簡単にまとめると下記の表のようになる。このようにまとめると，最も重要な同一性条件を満たしかつ複数の条件を満たすものはほとんどないこと，すべての形態が何らかの形で唯一性条件に違反していることが分かる。

表1　現代日本語（共通語）の補充の候補

|  | 同一性条件 | 非類似条件 | 唯一性条件 |
|---|---|---|---|
| できる<br>：する | ◯ | ◯ | ×<br>違反3 |
| ない<br>：ある | ◯ | × | ×<br>違反3 |
| ご覧（になる）[11]<br>：見る | × | ◯ | ×<br>違反3[12] |
| 召し上がる<br>：飲む | × | ◯ | ×<br>違反1, 3 |
| いらっしゃる<br>：来る | × | ◯ | ×<br>違反2, 3 |

10　動詞語幹のモーラ数と補充の関係については，上野（2016: 163）にも指摘がある。また，2モーラ以上の語幹を持つ動詞で o-V-ni nar の形にできないものとしては「死ぬ」がある。

11　「になる」の部分は独立性が高く，「ご覧になる」全体で「見る」に対応しているとは考えにくいためここでは「ご覧」の部分のみを対象とした。

12　「V てみる」の命令表現として「V てご覧」という形式が可能であり，「見る」の尊敬形以外の環境に「ご覧」が現れる。

36 ｜ 田川拓海

　本節ではある形態が補充であるかどうかを考えるための具体的な条件と基
準について整理し，それぞれの条件を満たすケースと満たさないケースにつ
いて見た。

　なお，条件を満たさないケースが典型的な補充ではないとすれば何なのか
という点については個別に検討する必要があるという点には注意されたい。
屈折形についてはたとえば英語の動詞 dive の過去形として規則的な dived
と不規則形の dove が両方可能なように複数の形態が共存することもあるの
で，唯一性条件の違反 1 に該当していても（特に同一性条件を満たしていれ
ば）言わば「随意的補充（optional suppletion）」であるという可能性が存在す
る。また，唯一性条件の違反 3 の場合も，複数の環境に出現する同形態に
ついては融合（syncretism）や同音異義（homonym）等複数の可能性が存在す
る。さらに同一性条件を満たしていないケースについても，類義性による阻
止（Synonymy Blocking, Clark and Clark 1979）の可能性がある一方，上述し
た 1 モーラ語幹動詞の尊敬形のように規則的な形態が音韻的な理由等に
よって現れないのであれば阻止によるものとは考えられない。

## 3. 「いる」と「おる」
### 3.1 　存在動詞「いる」の補充としての「おる」
　下記に示すように，現代日本語（共通語）では存在動詞「いる」が特定の
環境で「おる」という形態として現れる。「おる」は現代日本語（共通語）で
は役割語（金水 2003）のような場合を除き単独で存在動詞として用いること
はできない [13] ので，一見すると補充であるように見える [14]。

　（17）a.　教室に先生が {i | *or}-(r)u

---

13　金水（2006: 230）も現代共通語において「おる」は独立した動詞として用いられず「い
る」と相補的に現れると指摘している。本論文では形態の通時的な成立過程を補充認定の
条件に含めていないが，「おる」がもともとは「いる」と異なる動詞であったことは，go の
過去形としての went のような典型的な補充と共通する特徴である。「いる」と「おる」の
通時的変遷や方言等の変種における現れ方についての詳細は金水（2006）を参照されたい。
14　アスペクト形式テイルに含まれる「いる」も同じような振る舞いを見せるが，本論文
では取り扱わず，詳細な検討は今後の課題としたい。

b.　教室に先生が {*i-rare | or-are}-mas-u

本節では，前節で整理した補充の性質に基づいてこの形態が補充であるのか
どうか検討し記述的な整理を行う。
　まず同一性条件と非類似条件について考える。
　「いる／おる」のように表記すると似ているようにも見えるが，実際の動
詞部分は i と or なので音韻的な類似性，規則による派生の可能性のいずれ
についても非類似条件は満たしていると考えられる。
　同一性条件については，「いる」を含み存在以上の意味が生じるイディオ
ムが見つからないので，解釈によるテストではなく要素が固定的なイディオ
ムである「居ても立ってもいられない」を用いたテストを試みる[15]。

(18)　「いる／おる」に対するイディオムテスト
　　　　大学にパソコンを忘れたことを思い出して，
　　a.　居ても立ってもいられなくなってしまった。
　　b.　居ても立ってもおられず，すぐに家を出た。

「居ても立ってもいられない」は可能の形態を外すことができず比較的構成
要素の組み合わせが固定されたイディオムであるが，(18b)に示すように
「いる」の部分を「おる」にすることは可能である。どの種のイディオムに
よってどのように同一性条件がテストできるかという点についてさらに研究
が必要ではあるが，「いる」の補充としての「おる」は同一性条件を満たす
可能性が十分あると考えられる。
　唯一性条件については生起する環境によって振る舞いが異なるというのが
「おる」の興味深い特徴であり，以下で詳しく記述・分析する。

## 3.2　「おる」の現れる環境
　「おる」が現れる統語環境には次の4つがある（cf. 金水 2006: 231）。特徴
的なのは，唯一性条件を満たすものと満たさないものがあることである。

---

15　このイディオムの同一性条件に関する有用性については岸本秀樹氏の指摘による。

38 ｜ 田川拓海

　まず，下記の 2 つの環境では or と同様規則的な形態の i も可能であり，唯一性条件の違反 1 に該当する。

(19) 「おる」が現れる環境 1 ：否定の「ず」に前接 [16]

　　a. 太郎は家に {?i | or-a}-zu，探すのに苦労した。

　　b. 太郎は家に {i | *or-a}-naku-te，探すのに苦労した。

　　c. ポン引のオッチャンはいず，女の子が，確か三人のうちの一人であるブロンドの子が一人いて，こちらをみて，…

　　　　　　　　　　　　（奥田継夫（1998）『食べて歩いてやっと旅人らしく』）

　　d. 警官は七，八人しかいず，この事態を収拾しようとして，汗だくで走りまわっていた。（筒井康隆（1996）『アルファルファ作戦』）

(20) 「おる」が現れる環境 2 ：丁寧の「ます」に前接

　　a. 妹は奥の部屋に {i | *or}-(r)u

　　b. 妹は奥の部屋に {i | or-i}-mas-u

i-zu という形態の組み合わせは筆者の内省では少し容認度が落ちるが，容認するという話者は少なくなく，実例も多く見つかる。環境 1 については，or-a-naku という形態の組み合わせは不可能なことから否定というだけではなく zu という形態の情報も必要であることが分かる。

　次に，下記の 2 つの環境では 形態 or のみが現れ唯一性条件が満たされている。

(21) 「おる」が現れる環境 3 ：尊敬の「られ」に前接

　　a. 先生は奥の部屋に {i | *or}-(r)u

　　b. 尊敬：先生は奥の部屋に {*i-rare | or-are}-r-u

　　c. 受身：先生にずっと奥の部屋に {i-rare | *or-are}-ru と困ってしまう。

　　d. 可能：先生は本さえあればずっと奥の部屋に {i-rare | *or-(ar)e}-ru

(22) 「おる」が現れる環境 4 ：連用形中止法

---

16　実例は「現代日本語書き言葉均衡コーパス（BCCWJ）」より採取した。

a. 先生は奥の部屋に {*i | or-i}，出てきてくれません。

b. 先生は奥の部屋に {i | *or}-te，出てきてくれません。

環境 3 については，同形態 (r)are を持つものでも受身や可能の場合は or が現れないので「尊敬」という情報が必要なことが分かる。また，連用形中止法の場合は対応するテ形では or が現れないので，形態の情報も必要ということになる。

　以上見てきたように，or が現れる環境は同一性条件と非類似条件を満たす。そのうちさらに唯一性条件も満たす 2 つの環境に現れる or は典型的な補充として考えて良いだろう。本論文では，4 つの環境すべてとそこにおける形態の現れを総合的に分析するのではなく，or が現れる環境が複数あることと唯一性条件に関して違いがあることを生かし，補充形態とその引き金 (trigger) の関係に対する形態統語的分析を試みる。

## 4.　DM における補充の分析

　DM は特に統語情報を参照するタイプの文脈異形態 (contextual allomorphy) の分析に強い理論である。DM では補充はその性質から基本的に文脈異形態であると考えられており，補充の分析は DM において重要な研究トピックになってきている [17] (Bobaljik 2012, Tagawa 2015, Bobaljik and Harley 2017 等を参照)。

### 4.1　Oseki and Tagawa (2019)

　まず分析の基盤として Oseki and Tagawa (2019) の研究を概観する。

　Oseki and Tagawa (2019) は，「する」に尊敬の補充形 nasar と可能の補充形 deki が存在することを手がかりに補充を引き起こす統語的な条件について分析している。その結論は Choi and Harley (2019) が提唱した下記の定理を裏づけるというものである。

---

17　最近の DM における中心的な概念や全体の概観については，Embick and Noyer (2007)，Bobaljik (2017) を参照されたい。

40 ｜ 田川拓海

(23)　*Local Allomorph Selection Theorem*
If two vocabulary items are in competition, and the Subset Principle
does not apply, then the vocabulary item conditioned by a more local
feature blocks the vocabulary item conditioned by the less local feature.

(Choi and Harley 2019: (5))

DM ではある環境に現れる形態に複数の可能性がある場合，それぞれの形態
に関する規則を非該当条件（elsewhere condition）に従って順位付けし，異形
態の分析を行う。この定理は，その基本的な仕組みによって形態の優先順位
が決められない場合にそれぞれの形態の具現に関わる要素の局所性（locality）
によって決定するということを述べている。以下に実際の分析を示す。

(24)　日本語の二重補充
オバマがテニスを {o-deki-ni-nar | *nasar-e}-(r)u

(24) で示されているように，尊敬と可能の両方の環境が揃った場合，可
能の補充形 deki ＋尊敬の分析的な形態という組み合わせが現れ，尊敬の補
充形 nasar ＋可能の分析的な形態という組み合わせは不可能である。この事
実は，下記の語彙項目（Vocabulary Item）と統語構造，さらに (23) の定理を
仮定することによって分析できる。DM ではこの規則の形をしたもの 1 つ 1
つが語彙項目であり，"A ↔ a/α" はおおよそ「A の要素に対して α の環境／
条件下において a という形態が挿入される」ということを表している[18]。

(25)　可能の補充に関する語彙項目
　　a.　√DO ↔ *deki* / [[ ＿ ] ... Pot]
　　b.　√DO ↔ *su*
(26)　尊敬の補充に関する語彙項目
　　a.　√DO ↔ *nasar* / [[ ＿ ] ... [+Hon]]

---

18　DM では後期挿入（late insertion）を採用しており，統語部門において統語構造が構築さ
れた後に形態部門で各節点にある Root や形式素性が語彙挿入を受け形態が決定される。

b.　√DO ↔ *su*

DM では上で述べたように語彙項目の適用について非該当条件が採用されているため，より特定的 (specific) なものが優先的に適用される。すなわち，(25a, b) をいずれも満たす環境では (25a) が，(26a, b) をいずれも満たす環境では (26a) が文脈が指定されていてより特定的なため優先され，それぞれに指定されている表出形 (exponence) の deki, nasar が挿入される。

　言い換えれば deki, nasar は √DO がそれぞれ可能／尊敬を担う要素によって c 統御されることで現れるのであるが，可能と尊敬は統語的に排他的な関係にはないため，(27) に示すように共起することが可能である。

(27)　補充の条件としての可能と尊敬の競合[19]

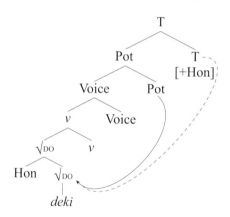

ここでは (25a) と (26a) の語彙項目のどちらも適用の条件を満たしているが，両者は同程度に特定的なので非該当条件によって優先順位を決定することはできない。このような場合に (23) の定理に従って Root により局所的，すなわち近い要素を参照している語彙項目である (25a) が優先的に適用を受

---

19　この構造は，補充が起きない場合の可能と尊敬の組み合わせでは，可能の形態が尊敬の形態の外側に現れる（お話になれる／＊お話せになる）こととも整合する。統語的な分析について詳しくは Oseki and Tagawa (2019) を参照。

け，deki が現れるのである[20]。

### 4.2 「いる／おる」の分析

「いる」については複数の補充形が存在するわけではないが，前節で見たように補充を引き起こす環境が複数存在するので，その組み合わせを見ることで (23) の定理の検証が可能になる。

(28)　環境5：尊敬と丁寧の組み合わせ
　　　先生は奥の部屋に {*i-rare | or-are}-mas-u

上述したように尊敬の rare は or を強制し mas は i も許容するが，両者を組み合わせた環境では or のみが現れる。これは rare が context として優先されることを示しているが，この現象はどのように分析されるだろうか。先に本論文で提案する形態構造を示しておく。

(29)　複合述部 or-are-mas-u の形態構造

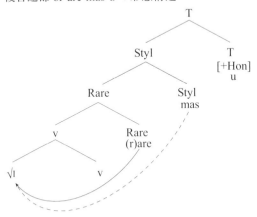

---

[20] (27) の矢印は，Pot の方が T[+Hon] より √DO に統語的に近いため，優先的に文脈として参照されることを示している。

分散形態論と日本語の補充 | 43

　ごく簡単にまとめると，尊敬の rare を担う要素が丁寧の mas を担う要素より Root に近いので，i と or に関する語彙項目の適用の際に優先されるということである。

　まず，尊敬の rare がどのような形で現れるのか考えておかなければならない。尊敬の rare は主語尊敬を表し，他の受身や可能の rare と同時に現れることができず，また受身や可能と異なり格等に一切影響を与えない（cf. 川村 2012: 213）ことから，複数の機能を持つ形態 rare の統語的位置として主要部 Rare を仮定し，そこに受身や可能の素性が現れず，時制主要部 T に素性 [+Hon] が存在する場合[21]に尊敬の rare が具現すると考える。

(30)　尊敬の rare に関する語彙項目
　　　Rare ↔ (r)are / [[ ＿ ] ... T[+Hon]]

尊敬の rare がその他の rare と同時に現れることができないのは，単に同一の形態が重複するからというだけではない。たとえば可能の補充 deki も尊敬の rare とは共起することができない。

(31) a. ＊先生はテニスを deki-rare$_{Hon}$-ru
　　 b. 　先生はテニスを o-deki-ni nar-u

上に示すように，deki に尊敬の rare を付けることはできない。異なる主語尊敬の形式との組み合わせである o-deki-ni nar は可能であるから，可能と尊敬の相性の悪さにその理由を求めることはできない。可能の deki が具現する場合は主要部 Rare に可能の素性 [+Pot] が存在するので，尊敬の rare は具現できないのである。

　次に，or の補充を引き起こす尊敬の rare と丁寧の mas の統語的関係について考える。ここでは Volpe（2009）に従い，丁寧の mas が尊敬の rare より高い位置にあると仮定する。これはたとえば尊敬の rare が現れることので

───────────────
21　ここでは，主語名詞句が [+Hon] の素性を持っている場合にそれが T にコピーされて主語尊敬の環境が形成されると仮定している（Oseki and Tagawa 2019）。その点では (27) の環境と同じである。

きる従属節に丁寧の mas が現れることができない現象からも支持される。すなわち，これらの節ではより高い位置にある丁寧の mas が現れる統語的位置がないと考えることができる。以下では連用形中止法節の例を示す。

(32) a.　先生は奥の部屋に or-are，滅多に表に出てきません。
　　 b. *先生は奥の部屋に ori-masi，滅多に表に出てきません。

i および or に関する語彙項目は次のように仮定する。ここで随意性は表出形を併記することにより表している。

(33)　 存在動詞の元になる √ɪ に関する語彙項目[22]
　　 a.　√ɪ ↔ or / [[ ＿ ] ... Rare]
　　 b.　√ɪ ↔ {or | i} / [[ ＿ ] ... Styl[+Polite]]
　　 c.　√ɪ ↔ i

DM では先に述べたようにより指定が多く特定的な語彙項目から優先的に挿入が試みられるが，(33a) と (33b) は文脈にある情報に差が無く同程度に特定的である。ここで Choi and Harley (2019) の Local Allomorph Selection Theorem (23) に従えば，(29) の形態構造では主要部 Rare の方が主要部 Styl より Root に近いので(33a)の語彙項目が優先され，必ず or が現れる[23]。尊敬の rare が現れず丁寧の mas のみが √ɪ と共起する場合は，(33b) が適用され i あるいは or が挿入されるのである。

　以上見てきたように，存在動詞「いる」が「おる」という補充形になる環境は複数あり，複数の環境が併存した場合の優先順は局所性（統語的な関係）によって決めることができる。このような現象の分析では，統語的な情報を

---

22　Bobaljik (2012) や Oseki and Tagawa (2019) では異なる言語に対しても √GOOD といった共通の Root が仮定されており，それに従えば √BE を用いることになるが，ここでは簡便のため日本語特有の Root として √ɪ を仮定している。

23　ここで分析しているのと逆のケース，すなわち or の随意的な具現の引き金となる統語的要素が義務的な具現の引き金となる統語的要素より √ɪ に近くなる環境を形成することは困難であったため，本論文では取り上げなかった。

直接参照して補充のような形態の複雑な分布を捉えることのできる DM の有効性がはっきりと見て取れる。

## 5. おわりに

### 5.1 まとめと課題

本論文では，補充現象に対して DM を用いるとどのような問題設定が可能になるか，形態統語的分析がどのように有効であるかを現代日本語（共通語）の存在動詞「いる」に関する現象を取り上げて具体的に見た。

この研究・アプローチには，本論文で指摘してきたものとは別にまたいくつかの問題・課題を指摘することができるが，特に局所性に関するものについて簡単に整理しておく。

まず 1 点目として，尊敬の環境が関わる補充現象との対比が挙げられる。

(34) a.　先生はテニスを {*nasar | s}-are-ta
    b.　先生はコーヒーを o-nomi-ni nar-are-ta

(34a) に示すように，「する」の尊敬の補充形 nasar は尊敬の rare と共起することができない。二重尊敬が問題とも考えることができるが，(34b) に見るように二重尊敬が必ず文法的に問題があるというわけではない。これは同じく尊敬の環境を引き金にした補充＋尊敬の rare という組み合わせの or-are が可能なことと対照的である。統語的に見ると両者の違いは，nasar-are では両者が [+Hon] という同一の要素を引き金にしているのに対して，or-are では or は主要部 Rare，rare は [+Hon] という異なる要素を引き金にしている点にあると考えることができる。動詞が補充形にならない場合は s-are という形態の組み合わせが可能ということも，同一の要素を引き金にしていることが要因であると推測させる。もしそのようなことがあるならば，補充現象への形態統語的分析の新たなトピックの 1 つになるかもしれない。

また，本論文で取り上げた現象と分析だけで存在動詞「いる」の補充現象を正確に捉えられているかについてもさらなる検討の余地がある。

(35) 使役要素の介在

先生は太郎をいつまでも自分の元に {i | *or}-(s)ase-rare-ta

上に示すように，使役の sase が介在することによって補充の or は出てくることができなくなる。使役の主要部はそれ自身が $\sqrt{}$ の形態の決定に影響するわけではないので，この現象は Choi and Harley (2019) の Local Allomorph Selection Theorem だけでなく，Embick (2010) が示した異形態の具現に関わる隣接性（adjacency）についても考慮する必要があることを示唆している。

DM による分析は統語的分析の部分が個別に検証可能であることが利点の1つであり，また形態分析のために ad hoc な統語分析を仮定することはこの理論の良さを減じることになるので，たとえば本論文における仮定を基盤に受身・可能・尊敬の rare の性質や分布が正確に分析できるかというのも重要な課題となる。

## 5.2　展望と理論的含意

少なくとも現代日本語（共通語）には形態的に豊富な補充現象が存在するとは言い難いが，個々の現象を見ると，同一の Root に異なる補充現象が存在したり，同一の補充形に複数の引き金が存在したりと，DM に限らず形態統語論研究にとって興味深い課題や現象，新しい知見をもたらすものがあることは確実と言えそうである。特に文脈異形態に影響をあたえる局所性等の条件については Embick (2010)，Bobaljik (2012)，Choi and Harley (2019) 等いくつかの可能性が指摘されており，補充現象の研究が進んでいる印欧語だけでなく，日本語のような言語の現象についても積極的に記述・分析が進められるべきである。

付記：本論文の内容の一部は，乙黒亮氏と共同開催の形態理論研究会における議論および大関洋平氏との共同研究を進める上での議論に基づいている。また，草稿の段階で岸本秀樹氏より多くの有益なコメントをいただいた。各位に深くお礼申し上げる。

## 参照文献

Bobaljik, Jonathan David (2012) *Universals in comparative morphology: Suppletion, superlatives, and the structure of words.* Cambridge, MA: MIT Press.

Bobaljik, Jonathan David (2017) Distributed Morphology. *Oxford research encyclopedia of linguistics.* Retrieved 7 Sep. 2018. http://linguistics.oxfordre.com/view/10.1093/acrefore/9780199384655.001.0001/acrefore-9780199384655-e-131

Bobaljik, Jonathan David and Heidi Harley (2017) Suppletion is local: Evidence from Hiaki. In: Heather Newell, Maire Noonan, and Glyne Piggott (eds.) *The structure of words at the interfaces*, 141–159. Oxford: Oxford University Press.

Choi, Jaehoon and Heidi Harley (2019) Locality domains and morphological rules: Phases, heads, node-sprouting and suppletion in Korean honorification. *Natural Language and Linguistic Theory.* https://doi.org/10.1007/s11049-018-09438-3

Clark, Eve V. and Herbert H. Clark (1979) When nouns surface as verbs. *Language* 55: 767–811.

Corbett, Greville G. (2007) Typology, suppletion, and possible words. *Language* 83: 8–42.

Embick, David (2010) *Localism and globalism in morphology and phonology.* Cambridge, MA: MIT Press.

Embick, David and Rolf Noyer (2007) Distributed Morphology and the syntax/morphology interface. In: Gillian Ramchand and Charles Reiss (eds.) *The Oxford handbook of linguistic interfaces*, 289–324. Oxford: Oxford University Press.

Kato, Yasuhiko (1985) *Negative sentences in Japanese. Sophia Linguistica Monograph* 19. Tokyo: Sophia University.

川村大 (2012)『ラル形述語文の研究』東京：くろしお出版.

金水敏 (2003)『ヴァーチャル日本語 役割語の謎』東京：岩波書店.

金水敏 (2006)『日本語存在表現の歴史』東京：ひつじ書房.

岸本秀樹 (2005)『統語構造と文法関係』東京：くろしお出版.

Oseki, Yohei and Takumi Tagawa (2019) Dual suppletion in Japanese. *Proceedings of Workshop on Altaic Formal Linguistics* 14: 193–204.

斎藤純男・田口善久・西村義樹 (編)(2015)『明解言語学辞典』東京：三省堂.

鈴木重幸 (1972)『日本語文法・形態論』東京：むぎ書房.

田川拓海 (2015)「「する」と「できる」の具現に対する感循環異形態分析」『KLS 35: Proceedings of the Thirty-Ninth Annual Meeting of The Kansai Linguistic Society』109–120.

Tagawa, Takumi (2015) [Review] Universals in comparative morphology: Suppletion, superlatives, and the structure of words by Jonathan David Bobaljik, MIT Press, Cambridge, MA, 2012, 328pp. *English Linguistics* 32(1): 185–197.

Thompson, Anie (2011) Irregularity in Japanese honorifics. *Morphology at Santa Cruz: Papers in honor of Jorge Hankamer*, 153–175. Santa Cruz, CA: Linguistics Research Center, University of California, Santa Cruz.

上野義雄 (2016)『現代日本語の文法構造 形態論編』東京：早稲田大学出版部.

Volpe, Mark（2009）A Distributed Morphology-based analysis of Japanese verbal honorifics. ms., https://ling.auf.net/lingbuzz/000520.

矢田部修一（2002）「日本語における否定辞・量化子のスコープの決定」伊藤たかね（編）『文法理論：レキシコンと統語』249–272．東京：東京大学出版会.

Yoda, Yusuke（2014）Stay close（to morpheme）, otherwise I'll miss you. *Proceedings of Seoul International Conference on Generative Grammar* 16: 453–466.

# 第3章

# 語形成とアクセント

窪薗晴夫

**要旨**

　語形成の中でも複合語は入力のアクセントを保存することが知られている
が，複合語以外の語形成過程について出力のアクセントが何によって決まる
のか，いまだ体系的な研究は少ない。本章では語形成と音韻構造の関係を概
観した上で，複合語，短縮語，頭文字語，愛称語などの形成過程において，
出力のアクセントが入力のアクセントに依存しているのか，それとも出力そ
のものの音韻・形態構造によって決まるのかを分析し，あわせて，言語間・
方言間の差異がどの程度観察されるかを考察する。

**キーワード：** 語形成，アクセント，音節構造，複合語，短縮語，頭文字
　　　　　　　語，愛称語

## 1. 語形成と音韻構造

　語形成と音韻構造の関係については以下のような問題がこれまで議論されて
きた。

(1) a. 語形成規則の出力を音韻構造がどのように制限するか(音韻制約)
　　 b. 統語・意味構造が語形成に関わる音韻規則の適用を制限するか
　　　　 (統語制約，意味制約)
　　 c. 語形成の出力となる音韻構造がどのような原理によって決まるか

このうち（1a）は語形成規則に課される音韻制約として定式化できるものであり，具体例として派生語形成に見られる音節構造制約をあげることができる（窪薗 2017b）。たとえば英語には名詞に -ist という接辞が付加される語形成規則（2）があるが，（2a）のように名詞が子音で終わる場合には -ist がそのまま付加されるのに対し，（2b）のように名詞が母音で終わる場合には名詞末の母音（下線部）が脱落する[1]。これは名詞末の母音と接辞初頭の母音が連続する構造（いわゆる hiatus）を避ける現象とも，あるいは母音で始まる音節（頭子音のない音節）を避ける現象とも解釈できる。いずれにしても，子音と母音が連続する無標の構造（CV.CV.CV...）を作り出すために起こる母音削除現象である。音節構造という音韻構造が語形成規則に制約として働き，その出力を規定する現象ということができる。

(2) a. violin + ist → violinist（バイオリン奏者）

　　　 medal + ist → medalist（メダリスト）

　　　 science + ist → scientist（科学者）

　 b. piano + ist → pianist, *pianoist（ピアニスト）

　　　 cello + ist → cellist, *celloist（チェリスト）

同じ制約は「名詞 + ese」という語形成規則にも適用され，（3a）のように子音で終わる名詞には -ese [i:z] がそのまま付くが，（3b）のように母音で終わる場合には名詞末の母音が削除される。

(3) a. Japan + ese → Japanese

　　　 mother + ese → motherese

　 b. China + ese → Chinese, *Chinaese

　　　 Burma + ese → Burmese, *Burmaese

このような音韻制約の多くは特定の言語だけに働くものではなく，人間の

---

1　ego + ist → egoist のような例外もある。また science—scientist のペアでは [s] が [t] と交替する。

言語に共通した制約（普遍的制約）という性格を持っている。日本語では (4) のような子音挿入現象（下線部）が同じ音節構造制約で説明できる（ドット /./ は音節境界を表す）。上記の英語の例は母音削除，この日本語の例は子音挿入の現象という違いはあるものの，その背後に働いている原理（制約）は同じであり，頭子音のない音節を避けようとする現象である（窪薗 2017b）。

(4) a. 皇子（oo.zi）―天皇（ten.noo），位置（i.ti）―三位（sam.mi），
応用（oo.yoo）―反応（han.noo），杏（an）―銀杏（gin.nan）

b. 雨（a.me）―春雨（ha.ru.sa.me），氷雨（hi.sa.me），
小雨（ko.sa.me），秋雨（a.ki.sa.me）

c. 青（a.o）―真っ青（mas.sa.o）[2]，朝（a.sa）―三朝温泉（mi.sa.sa）

(2) – (4) は音節構造が語形成規則の出力に制約として働いている例であるが，音韻的長さが語形成の出力に制限を加えている例も数多い。たとえば日本語の短縮規則において「ストライキ」「パンフレット」が「ス」や「パン」とはなりえない現象 (Ito 1990) は，1 モーラや 1 音節の出力を禁じる音韻制約による。また，混成語形成において「ゴリラ」と「クジラ」から「ゴリジラ」が産出されない現象は，出力と 2 つ目の入力要素の音韻的長さ（モーラ数）の一致を要求する音韻制約によるものである（窪薗 1995）。

以上，音韻構造が語形成の出力を規定・制限している例を見たが，この延長線上に，音韻構造が形態規則の適用そのものを制限する事例が観察される。その一例が鹿児島方言の「「の」の縮約現象」である (Kubozono 2018b)。この方言ではくだけた発話（casual speech）において，属格の「の」が名詞の前で「ん」に縮約される現象 (5) が生産的に起こる。

(5) X の Y → X ん Y
a. 隣の家 → 隣ん家
b. 煙の臭い → 煙ん臭い

---

2 「真っ青」で子音の挿入が起こるのと対照的に，「真っ赤」(mak.ka, *mak.aka) では母音の脱落が起こる。表層の現象は異なるが，同じ音節構造制約に支配されている。

c. 私の傘 → 私ん傘

d. 誰の傘 → 誰ん傘

e. アメリカの土産 → アメリカん土産

ところが，(6) のように X の位置にある名詞が /ai/ や /ui/ などの二重母音で
終わる場合には，この形態規則は阻止される[3]。「とない」「けむい」「あたい」
「だい」がそれぞれ「となり」「けむり」「わたし」「だれ」のくだけた語形で
あるにも関わらず，「の→ん」というくだけた発話に特徴的な縮約現象が阻
止されるのである。

(6) a. とないの家 → *とないん家

b. けむいの臭い → *けむいん臭い

c. あたいの傘 → ?*あたいん傘

d. だいの傘 → *だいん傘

e. ハワイの土産 → *ハワイん土産

この奇妙な阻止現象は音節の重さ・長さを規定する音節量（syllable weight）
の制約によって説明できる。二重母音を含む音節はそれ自体が 2 モーラの
長さを持つが，そこに撥音（ん）が尾子音として加わると，/ain/ や /uin/ のよ
うな 3 モーラの音節（超重音節）—(6) の下線部—が生成されてしまう。超
重音節は多くの言語で忌避されることが知られており（Árnason 1980, 窪薗
1995），鹿児島方言でもそのような有標な音節が生成される場合に規則の適
用が阻止されるのである[4]。これもまた，音韻制約が形態規則の出力に強い制
限を課している例である。

次に (1b) にあげた，統語・意味構造が語形成に関わる音韻規則の適用を
制限する現象を見てみよう。たとえば日本語（東京方言）では，並列構造と
いう特定の意味構造が複合語形成の音韻規則（連濁や複合語アクセント規則）

---

3　鹿児島方言の二重母音は /ai, oi, ui/ の 3 つである（Kubozono 2015）。

4　長母音の後に「ん」が付いても超重音節が生成されるが，鹿児島方言の縮約現象では，
この生成を規則の適用を阻止する方法ではなく，母音を短くする方法で避けようとする。
たとえば「東京の土産」は「とうきょん土産」となる（Kubozono 2018b）。

語形成とアクセント | 53

を阻止する（佐藤 1989，窪薗 1995）。(7) に連濁の例を，(8) に複合語アク
セントの例をあげる。並列構造（A&B）は，「修飾語＋主要部（被修飾語）」
という通常の複合語の構造から外れた意味構造であるが，その特異性が音韻
規則の阻止という形で表されているのである。(8) の｛ ｝はアクセントの
まとまりを，/ ⌐/ はアクセントの弁別的特徴であるアクセント核（ピッチの
下降位置）を，/⁰/ はピッチが下降しないタイプのアクセント型（平板型，第
2 節参照）をそれぞれ意味する。

(7) a.  読み書き：ヨミカキ，*ヨミガキ（vs. 宛名書き）
    b.  飲み食い：ノミクイ，*ノミグイ（vs. 大食い）
    c.  好き嫌い：スキキライ，*スキギライ（vs. 食べず嫌い）
(8) a.  ｛チェ⌐コ｝｛スロバ⌐キア｝，*｛チェコスロバ⌐キア｝
    b.  ｛イ⌐ッキ｝｛イチユー⁰｝，*｛イッキイ⌐チユー｝一喜一憂
    c.  ｛キ⌐ド｝｛アイラク⁰｝，*｛キドア⌐イラク｝喜怒哀楽
    d.  ｛イ⌐ップ｝｛タサイ⁰｝，*｛イップタ⌐サイ｝一夫多妻

　語形成に関わる音韻規則が，特定の統語構造（語の内部構造）によって阻
止されることもある。日本語では右枝分かれ構造が左枝分かれ構造に対して
有標な振る舞いを示し，右枝分かれする位置で音韻規則がしばしば阻止され
る。(9) – (10) に連濁と複合語アクセントの例をあげる。

(9) a.  右枝分かれ　［紋［白蝶］］→ モンシロチョー，*モンジロチョー
    b.  左枝分かれ　［［尾白］鷲］→ オジロワシ
(10) a. 右枝分かれ　［関東［大震災］］→ ｛カ⌐ントー｝｛ダイシ⌐ンサイ｝，
                   ?*｛カントーダイシ⌐ンサイ｝
    b.  左枝分かれ　［［秋田沖］地震］→ ｛アキタオキジ⌐シン｝，
                   *｛ア⌐キタ｝｛オキジ⌐シン｝，*｛アキタオキ⁰｝｛ジシ
                   ン⁰｝

(7) – (10) は語形成に伴う音韻規則が特定の意味構造や統語構造によって阻
止される現象である。この種の制約もまた英語をはじめとする諸言語に観察

されることが知られており，普遍性が高いことがうかがえる（窪薗 1995）。

　最後に（1c）にあげた問題は，語形成によって作り出された語（出力）の音韻構造がどのような原理によって決まるかという問題である。これは（1a）の問題とも関連があるが，出力の音韻構造のうちアクセントについては未解決の部分が多い。とりわけ，入力のアクセントが出力のアクセントにどのように（またどの程度）関与してくるのか，関与しない場合には何によって決まるかが問題となる。また，入力が関与する程度に言語差・方言差がどの程度あるかという問題も未解決である。本稿では以下，このテーマに絞って考察を進める。

## 2.　複合語のアクセント

　複合語はどの言語にも見られる語形成であり，入力のアクセントが出力のアクセントに直接関与することが知られている過程である。複合語は一般に，入力となる 2 語（N1, N2）のいずれかのアクセントを保存しようとするが[5]，類型論的には N1 アクセントを保存しようとする言語（left-dominant 言語）と，N2 アクセントを保存しようとする言語（right-dominant 言語）に二分できる。英語を含むゲルマン系諸語（ドイツ語，スウェーデン語など）やフィンランド語，サンスクリット語，アイヌ語（沙流方言），日本語の鹿児島方言，長崎方言などは前者のグループに，日本語の東京方言やロマンス系諸語（イタリア語，ルーマニア語など），ペルシャ語，ヘブライ語などは後者のグループに属す（窪薗 2001）。（11）と（12）に英語と東京方言の例をあげる。

(11) a.　bláck + bóard → bláckboard（黒板）

　　 b.　áir + pórt → áirport（空港）

　　 c.　Énglish + téacher → Énglish teacher（英語教師）

(12) a.　サ¬ッカー ＋ ク¬ラブ → サッカー・ク¬ラブ

　　 b.　ヤ¬マト ＋ ナデ¬シコ → ヤマト・ナデ¬シコ（大和撫子）

---

5　2 語を 1 語にしようとする複合語化は会社の合併と同じである。会社が合併する際に社長が 1 人になるのと同様に，複合語化においても 2 語のアクセントが併存することはできず，いずれかが複合語全体のアクセントとして生き残ることになる。

その一方で，東京方言の複合語にはこの規則では説明できない例も多い。その一番の理由は，この方言に平板型という特殊なアクセント型（以下「ア型」）が存在することである。この方言はピッチの下降が弁別的な意味を持っているが，平板型とはこの弁別的特徴が欠落したア型であり，無核（unaccented）とも呼ばれる。N2 が平板型の複合語は，保存すべきアクセント核を持たないことから，複合語全体が平板型になることが予想されるにも関わらず，実際にはN1 とN2 の境界付近に新規のアクセント核（複合語アクセント）が出現する。具体的には，N2 が 1 ～ 2 モーラの長さであれば（13a）のようにN1 の末尾に，N2 が 3 ～ 4 モーラであれば（13b）のようにN2 の初頭にアクセント核が現れる[6]（N1 のアクセントは関与しない）[7]。

(13) a. チトセ⁰ ＋ アメ⁰ → チトセ⌐・アメ（千歳飴）
     b. キョ⌐ート ＋ ダイガク⁰ → キョート・ダ⌐イガク（京都大学）

（13a）と（13b）は異なるアクセント規則として定式化されることが多いが（秋永 1985），実際には一般的な規則（14）として定式化できる（Kubozono 1995, 1997, 2006, 2008）。この規則は複合語だけでなく単純語も，さらに名詞だけではなく動詞や形容詞のアクセントも説明できる一般的な規則であることから，(13) に現れる複合語アクセントは無標の出現（Emergence of the unmarked: McCarthy and Prince 1994）と言えるものである。(14) 以下では，アクセント核が置かれるフットを（ ）で示す。

(14) 語末に接しない，もっとも語末に近い 2 モーラフット（rightmost, non-final foot）にアクセント核を置く

---

[6] N2 が 5 モーラ以上の場合には，N2 のア型がそのまま継承される（窪薗・伊藤・メスター 1997, Kubozono 1999, 2017）。よってN2 が平板型であれば，複合語全体が平板型となる（南カリフォルニア⁰，南極探検隊⁰）。

[7] 例外的にN1 のアクセントが複合語に継承される例として，「飲み物，忘れ物」のような〔動詞の連用形＋モノ〕の複合語をあげることができる。このタイプの複合語では，N1 がもともとアクセント核を有していると「食べ⌐物，飲み⌐物」のように複合語もアクセント核を有し，N1 が平板型の場合には「忘れ物⁰，漬け物⁰」のように複合語全体が平板型となる傾向がある（Kawahara 2015, Kubozono 2017）。

56 | 窪薗晴夫

    a.   チ（トセ⌐）・アメ

    b.   キョート・（ダ⌐イ）ガク

  無標のア型が出現するのは N2 が平板型の場合だけでない。N2 がもともと語末音節（もしくは語末の 2 モーラ）にアクセント核を有する場合にも，そのアクセント核が複合語に継承されず，(13) と同じア型が生じることが多い。これは Nonfinality（語末の音節やフットにアクセント核を置かない）という一般的な制約（Prince and Smolensky 1993）によるものと考えられている。

(15) a.   チトセ$^0$ + シ⌐ → チ（トセ⌐）・シ，$^*$チトセ・シ

        メ⌐ロン + パ⌐ン → メ（ロン⌐）・パン，$^*$メロン・（パ⌐ン）

    b.   イシ⌐ + アタマ⌐ → イシ・（ア⌐タ）マ，$^*$イシ・ア（タマ⌐）

        ナ⌐マ + タマ⌐ゴ → ナマ・（タ⌐マ）ゴ，?ナマ・タ（マ⌐ゴ）

        ブラック + コーヒ⌐ー → ブラック・（コ⌐ー）ヒー，

        ?ブラック・コー（ヒ⌐ー）

  (13) や (15) のような現象が見られるということは，東京方言の複合語アクセントが「入力（N2）のアクセント核を保存する」という原理に加え，「無標のア型を付与する」という原理にも支配されていることを意味している。この 2 つが東京方言の複合語アクセントを決定する二大原理であり，「入力（N1）のアクセント（核）を保存する」という原理だけに支配されている英語の複合語アクセント規則とは異なる[8]。

  では日本語の他の方言ではどうであろう。複合語アクセント規則の詳細が明らかになっている鹿児島方言（鹿児島県薩摩半島）やその姉妹方言である甑島方言（鹿児島県甑島列島）では，複合語のアクセントが入力のアクセントによってほぼ100％決定されている[9]。この両方言では語彙レベルで語末の

---

8  英語でも単純名詞はラテン語タイプのアクセント規則に従っており，このアクセント規則には Nonfinality が強く作用することが知られている（Hayes 1995）。

9  「ほぼ」と述べたのは，固有名詞を中心に「熊$_B$ + 本$_B$ → 熊本$_A$」「山$_B$ + 口$_A$ → 山口$_A$」「串$_B$ + 木野$_B$ → 串木野$_A$」のような例外が散見されるからである。

ピッチが高いア型（B型）とその一つ前が高くなるア型（A型）の区別があり，（16a, b）に示すように，複合語は前部要素（N1）のア型を継承する（平山 1951, 窪薗 2006）[10]。

(16) a. N1=A 型

アカ$_A$ ＋ ハタ$_A$ → アカ・ハタ$_A$（赤旗）

アカ$_A$ ＋ シンゴー$_B$ → アカ・シンゴー$_A$（赤信号）

b. N1=B 型

アオ$_B$ ＋ ハタ$_A$ → アオ・ハタ$_B$（青旗）

アオ$_B$ ＋ シンゴー$_B$ → アオ・シンゴー$_B$（青信号）

鹿児島・甑島方言と東京方言は，N1 と N2 のいずれのア型を継承するかという点では異なるものの，入力のアクセントが出力のアクセントに関与するという点では共通している。両者の違いは，複合語のアクセントがこの原理だけで決まるか（鹿児島・甑島），それとも，この原理に加えて無標のア型も出現するか（東京）という点である。

鹿児島・甑島方言の B 型は語末が高くなるア型であるにも関わらず，東京方言に強く作用している Nonfinality（語末にアクセント核を置かない）の原理がまったく働かない。このことは東京方言のアクセントと鹿児島・甑島方言のアクセントが異なる性格を持ったものであること，少なくとも B 型の語末高音調が東京方言のアクセント核とは性格が異なることを示唆している[11]。いずれにしても，同じ日本語の中に，複合語のアクセントが入力のアクセントだけで決まる体系と，「無標の出現」という 2 つ目の原理まで働く体系があることは興味深い。

---

10　鹿児島方言は音節を単位に，甑島方言はモーラを単位にして高低の音調を付与するが，複合語アクセント規則にその違いは関与しない。

11　この意味で興味深いのは，鹿児島方言の B 型を語末アクセントではなく無核（unaccented）とみなす分析である（Shibatani 1990, Haraguchi 1991, Kubozono 2018a）。無核であれば Nonfinality の制約に抵触することもない。また早田（1999）の類型仮説では東京方言のアクセントは「語アクセント（word accent）」，鹿児島方言のアクセントは「語声調（word tone）」という異なるタイプに分類される。この仮説でも Nonfinality に関する両方言の違いは説明できる。

## 3. アルファベット頭文字語のアクセント

NHK や BBC のようなアルファベット頭文字語（以下「ア頭文字語」）は，日本語の諸方言においてそれぞれの複合語アクセント規則に従うことが報告されている（Kubozono 2010）。東京方言のア頭文字語は，最終要素のアクセント核をそのまま継承するタイプ（17a）と，平板型となるタイプ（17b）に大別される。前者は，NHK であれば K（ケ￣），BBC であれば C（シ￣）のアクセント核が頭文字語に保存されるタイプである。一方後者は，語全体がアルファベット 2 文字で 4 モーラ，かつ最後の 2 モーラ（2 文字目）が〔軽音節＋軽音節〕という構造（S や L など）の場合に出現する[12]。（17b）はこのように特定の音韻環境に起こることから，（17a）と（17b）のア型の出現はそれぞれ予測可能である。

(17) a.　エヌエイチケー（NHK），ビービーシー（BBC），
　　　 エムシー（MC），エスビー（SB）
　　 b.　ビーエス⁰（BS），エスエル⁰（SL），シーエム⁰（CM）

ここで興味深いのは，（17a）のタイプに，（13）や（15）などの複合語に現れた「無標の出現」が見られないことである。この方言ではもともとアルファベット文字がすべて語頭にアクセント核を置いて発音され，平板型は現れない。よって（13）のような事態が生じないのは当然であるが，その一方で，アルファベット文字の約半数は A（エー）や K（ケー）のように 1 音節の構造を持ち，よって最終音節にアクセント核を有している。その意味では（15）の N2 と同じ構造を持っているのであるが，それにも関わらずア頭文字語では Nonfinality の制約が働かず，N2 が持っていたアクセント核がそのまま出力に残る。

複合名詞とア頭文字語は同じアクセント規則（複合語アクセント規則）に従っているように見えて，Nonfinality の原理が働くか（複合名詞），働かないか（ア頭文字語）という違いがあり（Kubozono 2010），この違いが「無標

---

12　これは外来語の単純名詞（Kubozono 2006）と同じ平板化条件であることから，BS や SL のような頭文字語は複合語ではなく単純語として処理されているという知見が得られる（Kubozono 2010）。

の出現」という2つ目の原理が働くか（複合名詞），働かないか（頭文字語）という違いにつながっている。これらの違いがどこから来るのかも今後の研究課題である[13]。

　一方，鹿児島方言のア頭文字語は複合名詞と同じように N1 のアクセントによって支配されている。東京方言と違い，この方言ではアルファベット文字のアクセントが一様ではなく，A 型アクセント（下降調）をとるもの—主に F, H, L, M, X, W, Y のような複音節のもの—と，B 型アクセント（非下降調）をとるもの—A, B, C のような1音節のもの—とに分かれる。ア頭文字語のアクセントもこの違いを反映して，(18)に例示するように，F や X のような A 型アクセントの要素で始まるア頭文字語（FBI, XP など）は A 型アクセントをとり，A や C のような B 型アクセントの要素で始まるア頭文字語（AM, CT など）は B 型アクセントをとる。つまり，この方言ではア頭文字語も複合名詞と同じように，入力（N1）のアクセントに100%支配されている（窪薗 2010，Kubozono 2010）。

(18) a.　N1=A 型アクセント ⇒ A 型アクセント
　　　　 FM, FBI, HB, LL, MBC, MRT, NHK, ST, WBC, XT
　　 b.　N1=B 型アクセント ⇒ B 型アクセント
　　　　 AM, ATM, BBC, CT, ET, GM, JA, OS, OL, TPP, USA

　甑島方言のア頭文字語も「N1 のアクセントを保存する」という複合語アクセント規則に支配されており，その意味で，N1 のアクセントに依存する。ただ鹿児島方言と異なるのは，アルファベットがすべて A 型（下降調）で発音されるため，ア頭文字語もすべて A 型で発音されるという点である。アルファベットのアクセントが A 型と B 型の両方に分かれ，よって頭文字語にも A 型と B 型の両ア型が現れる鹿児島方言とはわずかな違いを見せる

---

13　ア頭文字語は通常の外来語名詞とも違いを見せる。通常の外来語では，語末が軽音節の連続で終わる4モーラ語であっても，語末母音が挿入母音であれば平板化しにくくなる。「ボーナス」が平板化しないのはこのためである。これに対しア頭文字語は，語末に挿入母音があっても平板化は阻止されず，OS（オーエス⁰）や FM（エフエム⁰）のように平板化する。このように語末の挿入母音の振る舞いが外来語とア頭文字語では明確に異なる。

60 | 窪薗晴夫

（Kubozono 2010）。

　ア頭文字語の分析をまとめると，東京方言，鹿児島方言，甑島方言の3
つの方言には，入力のア型を保存するという共通性が見出される。N1 のア
型を保存するか（鹿児島・甑島），N2 のア型を保存するか（東京）という違
いはあるものの，入力のアクセントによって出力のアクセントが決まるとい
う点では共通している。

## 4. 短縮語のアクセント
### 4.1 東京方言

　次に短縮語のアクセントを分析してみよう。短縮語のアクセントに関する
本格的な研究は少ないが，それでも東京方言についてはある程度のことがわ
かっている。

　まず日本語一般に，短縮語には（19）のような単純語の短縮と，（20）のよ
うな複合語の短縮の2種類がある。いずれも語頭部分を残すのが基本であ
る一方で，複合語の場合には，（20a）のように前部要素がすべて残り後部要
素が削除される「ケータイ」タイプと，（20b）のように各要素の語頭部分を
組み合わせる「ポケモン」タイプの二通りがある（窪薗 2002）。短縮される
のは当然のことながら長い語ということになるが，4モーラ以上の長さを持
つ単純語の大半は外来語であることから，単純語の短縮と言えば外来語の短
縮とほぼ同義となる[14]。（19）–（20）に示したのは東京方言のアクセントであ
る。

（19）　ア￢マチュア⁰ → ア￢マ
　　　　ストラ￢イキ → ス￢ト
　　　　パ￢ンフレット → パ￢ンフ
　　　　イラストレ￢ーション → イラスト⁰
（20）a.　ケータイ・電話 → ケータイ⁰
　　　　仮設・住宅 → カセツ⁰

---

14　漢語の形態素は1～2モーラという強い制限があり，和語の形態素も1～3モーラが
ほとんどである。

語形成とアクセント | 61

　　　　朝日・新聞 → ア⌐サヒ
　　b.　ポケット・モンスター → ポケモン⁰
　　　　木村・拓哉 → キムタク⁰
　　　　東京・芝浦 → トーシバ⁰
　　　　東京・大学 → トーダイ⁰

　(19) のような単純語の短縮語では，「パ⌐ンフ」のようにアクセント核を
持つものと，「イラスト⁰」のように平板型のものとに分かれるが，この違い
は入力とは無関係である。「アマチュア⁰→ア⌐マ」のように平板の入力から
アクセント核のある出力が作り出されることもあれば，「イラストレー
ション→イラスト⁰」のように逆のアクセント変化を起こすものもある。出
力のアクセントは出力そのものの音韻構造に依存しており，無標のア型が出
現する。すなわち，語末から3モーラ目（2モーラの出力では後ろから2
モーラ目）にアクセントが生じることが大半であり，一方，4モーラの出力
では「イラスト」や「リハビリ」「インフレ」のように平板型が基本となる。
前者は (14) の規則と一致するア型であり，後者は4モーラ語に特徴的なア
型（音韻構造に依存する二次的な無標アクセント）である（Kubozono 2006）。
　これに対し，(20a) にあげた「ケータイ」タイプの複合語短縮では，入力
のア型がそのまま出力のア型となる。一方の要素をまるごと残す語形成過程
であるから，出力はその要素のア型を反映することになる。たとえば「ケー
タイ⁰」は「携帯」のア型（平板型）を，「ア⌐サヒ」は「朝日」のア型（起伏
型）を保持する。これは「クレジット・カ⌐ード → カ⌐ード」のように，例
外的に後部要素をまるごと残す短縮形でも同様である。
　短縮過程で興味深いのが (20b) にあげた「ポケモン」タイプの短縮語で
あろう。入力の各要素から初頭2モーラずつを結合するのが一般的である
が，このようにして作られた4モーラ短縮語のほとんどが平板型となる[15]。

───────────

[15]「経済（ケ⌐ーザイ）」（＜経世・済民）のような例外もある。「経済」のように短縮語と
いう出自がわからなくなった語は「語末から3モーラ目にアクセント」という無標のア型
をとるようである。また「テ⌐レカ」（＜テレホン・カード）や「テ⌐レコ」（＜テープ・レ
コーダー）のような3モーラの短縮語や，「ベ⌐ア」（＜ベース・アップ），「モ⌐ガ」（＜モダ
ン・ガール）のような2モーラの短縮語にも無標のア型が出現する。

外来語やア頭文字語では,「語末が軽音節の連続」という音韻構造が平板化の条件となるのに対し,「ポケモン」タイプの複合語短縮語にはこのような条件は働かず,「東大」「日生」「半ドン」のような〔重音節＋重音節〕の構造の短縮語までも平板型となる。これは〔2モーラ＋2モーラ〕の4モーラ複合語（たとえば「火トカゲ」に対する「人影$^0$」,「和暦（ワゴヨミ）」に対する「和語読み$^0$」など）が平板化しやすいという事実と符合するものであり,〔2モーラ＋2モーラ〕という語構造に還元できるのではないかと思われる。

　このように一口に短縮語と言っても,単純語の短縮 (19) と2種類の複合語短縮 (20a, b) の合計3タイプがあり,出力のアクセントを決定する原理はそれぞれ異なる。東京方言において入力のア型が関与してくるのは「ケータイ」タイプの短縮語 (20a) だけであり,単純語のア型は単に出力の音韻構造（モーラ数,音節構造）によって起伏型か平板型かが決まり（つまり無標のア型が出現し）,「ポケモン」タイプの短縮語は音韻構造に関わらず平板型が出現する。このような違いがどこから生じるのか,この問題もまた今後の研究課題である。

## 4.2　鹿児島方言

　前節では東京方言における短縮語のアクセントを見てきたが,日本語の他の方言についてはこの種の研究が極めて少ない。比較的アクセントの研究が進んでいる鹿児島方言も例外ではないが,独自のアクセント調査と『全国アクセント辞典』（平山 1960）をもとに鹿児島方言の短縮語アクセントを分析してみると,次のような知見が得られる。

　まず単純語（外来語）の短縮語は, (21) のようにほぼA型アクセントとなる（つまり語末から2つ目の音節が高くなる）。外来語の95%がA型となる言語であり（木部・橋本 2003）,短縮の対象となるような比較的長い語もほぼすべてA型である。出力もまたA型であることから,これは入力のア型を継承したとも解釈できるが,一方では2〜4モーラ外来語の多くがもともとA型であることから,出力に基づいてア型が決まったとも解釈できる。

(21) a.　ストライキ$_A$ → スト$_A$
　　 b.　テレビジョン$_A$ → テレビ$_A$

c.　パンフレット$_A$→ パンフ$_A$

d.　イラストレーション$_A$→ イラスト$_A$

　次に「ケータイ」タイプの複合語短縮を見てみると，（22）に示すように，複合語が形成される過程でもそれが短縮される過程でも，出力は入力のア型を継承していることがわかる。鹿児島方言は，一方では前部要素（N1）のア型を複合語に継承するタイプの複合語アクセント規則を有しており，他方では短縮語の大半が複合語のN1を保存するものである。両者が組み合わさると，複合語短縮の出力はN1のア型を継承することになる。この出力形は入力（複合語）のア型を継承したとも，複合語化される前のア型を継承したともとれるが，東京方言との共通性をとらえるならば，後者の解釈がより妥当と思われる。つまり，通方言的には，「ケータイ」タイプの短縮語は出力に現れる要素本来のア型を継承すると見た方がより一般性が高くなる。

(22)a.　携帯$_B$＋電話$_A$→ ケータイ・電話$_B$→ ケータイ$_B$

b.　仮設$_A$＋住宅$_A$→ 仮設・住宅$_A$→ カセツ$_A$

c.　朝日$_B$＋新聞$_B$→ 朝日・新聞$_B$→ アサヒ$_B$

　最後に「ポケモン」タイプの複合語短縮を見てみる。前述のように，このタイプの短縮語は東京方言では入力のア型に関係なく，平板型となることが一般的であるが，鹿児島方言ではそのような画一的なア型は得られない。中高年の伝統的な話者（生年が1960年以前の話者）の場合，（23）のように，入力となる複合語のN1のア型が短縮語にも継承される傾向が顕著に見られる。つまり，N1がA型であればA型の複合語が生成され，その短縮語もまたA型となる。N1がB型であれば複合語もB型となり，短縮語もB型となるという構図である[16]。

(23)a.　ポケット$_A$＋モンスター$_A$→ ポケット・モンスター$_A$→ ポケモン$_A$

---

16　「八百屋の長兵衛」と「断然トップ」は一つのアクセント単位にまとまらず，各要素が独自のア型を示す。

b.　デジタル$_A$＋カメラ$_A$→ デジタル・カメラ$_A$→ デジカメ$_A$

c.　八百屋$_A$＋長兵衛$_A$→ 八百屋の$_A$長兵衛$_A$→ 八百長$_A$

d.　アルコール$_B$＋中毒$_A$→ アルコール・中毒$_B$→ アル中$_B$

e.　断然$_B$＋トップ$_A$→ 断然$_B$・トップ$_A$→ ダントツ$_B$

　もっとも，若年層話者ではこのタイプの短縮語が東京方言のアクセントの影響を大きく受けているようで，中高年層とは様相が大きく異なる。若年層話者では，N1のア型に関わらずB型の短縮語が生成される傾向が顕著である。筆者が1990年以降に生まれた話者を対象に行った調査（2012年）では，このタイプの短縮語の大半がB型アクセントで産出されていた。つまり若年層はN1のア型に関係なく，語頭2モーラずつを結合する複合語短縮の大半をB型で発音している。

(24)a.　ポケット$_A$＋モンスター$_A$→ ポケット・モンスター$_A$→ ポケモン$_B$

b.　デジタル$_A$＋カメラ$_A$→ デジタル・カメラ$_A$→ デジカメ$_B$

c.　八百屋$_A$＋長兵衛$_A$→ 八百屋の$_A$長兵衛$_A$→ 八百長$_B$

d.　アルコール$_B$＋中毒$_A$→ アルコール・中毒$_B$→ アル中$_B$

e.　断然$_B$＋トップ$_A$→ 断然$_B$・トップ$_A$→ ダントツ$_B$

　若年層話者のこの結果は，入力ではなく出力の構造によって短縮語のア型が決定されていることを示唆するものであるが，鹿児島方言には4モーラ語をB型で生成するという規則はもともと存在しない。考えられるのは，東京方言の平板型をまねてB型で発音するという可能性である。鹿児島方言の若年層話者は伝統的な方言と東京方言のバイリンガル話者であり，鹿児島方言を話す際にも，東京方言と伝統的な方言の中間言語的なものを話すことが知られている（窪薗2006, Kubozono 2007, 2018a）。具体的には，東京方言でピッチが下がる語（起伏型）をピッチが下がるタイプ（A型）で，下がらない語（平板型）を下がらないタイプ（B型）で発音する傾向がある。(24)に示したデータは，若年層話者が「ポケモン」タイプの短縮語でも同じ原理で東京方言のア型を借用していることを示している。

　(23)と(24)の間に見られる世代差—換言すれば東京方言とのバイリンガ

語形成とアクセント ｜ 65

ル話者になることによって母方言に生じるアクセントの変化─は，鹿児島方言以外の方言にも起こっていることが予想される。語形成とアクセントの関係を分析する際には考慮すべき条件であろう。

## 5. 愛称語とチーム名のアクセント

次に愛称語（ニックネーム）の形成過程を見てみよう。この語形成についても出力のアクセントを考察した論考は少ないが，手元のデータを見る限りでは，少なくとも東京方言において無標のアクセントが出現することをうかがわせる現象がいくつも観察される。

愛称語の典型は，入力となる語から一部を採って加工するものである。この加工法にいくつかあるが，いずれも出力は起伏型のアクセントをとり，そのほとんどが（14）で述べた無標のア型を示す[17]。

(25) a.　小林⁰ → (コ⌐バ)，(コ⌐バ) チャン
　　　　　野村⁰ → (ノ⌐ム)，(ノ⌐ム) サン
　　　　　恵⁰ → (メ⌐グ)，(メ⌐グ) チャン
　　　　　香⁰ → (カ⌐オ)，(カ⌐オ) チャン

　　 b.　さ⌐ちこ，さちえ⁰ → (サ⌐チ)，(サ⌐ッ) チャン，(サ⌐ッ) チー，

　　 c.　スチュワ⌐ーデス → (ス⌐ッ) チー
　　　　　佐⌐藤，さちえ⁰ → (サ⌐ッ) チー
　　　　　新⌐垣 → (ガ⌐ッ) キー

　　 d.　柳田⁰ → (ギ⌐ー) タ

入力の加工法は少しずつ異なるが，出力のアクセントは入力のアクセントとは関係なく，（14）の規則に従っている。つまり無標のア型が出現している。

この例外となりそうなものが，（26a）のように語末フットにアクセント核が置かれるケースと，（26b）のように平板型となるケースである。前者は〔お＋2モーラ〕という構造の女房詞（む⌐つき→おむ⌐つ，田楽⁰→おで⌐ん，

---

17 「小林→コバ」のように2モーラの語が出力となる場合には，必然的にこの2モーラに（つまり rightmost, final foot に）アクセント核が置かれることになる。

ねしょうべ￢ん→おね￢しょ）と同じア型であり，後者は〔2モーラ+2モーラ〕という構造の複合語や複合語短縮に特徴的な平板型を連想させる。いずれの場合も，出力の音韻構造に依存した（二次的な）無標アクセントを示唆するものである。

(26) a.　は￢な → オ（ハ￢ナ）
　　　　さ￢ち，さ￢ちこ，さちえ[0] → オ（サ￢チ）
　　 b.　安室[0] → アムラー[0]
　　　　マヨネ￢ーズ → マヨラー[0]

　愛称語と基本的に同じア型をとるのが，〔名詞+ズ〕もしくは〔名詞+長音+ズ〕という語構造をとるチーム名やグループ名である。

(27) a.　ゴミ￢ → ゴ￢ミーズ
　　 b.　じじ￢い → ジ￢ジーズ
　　 c.　ライオン[0] → ラ￢イオンズ
　　 d.　トンネル[0] → ト￢ンネルズ
　　 e.　ドラえもん[0] → ドラ￢エモンズ〔映画のタイトル〕
　　 f.　ごきぶり[0] → ゴキ￢ブリーズ

このタイプの新造語に対して，Kawahara and Wolf (2010)，Kawahara (2015) は「長音+ズ」を語幹の頭にアクセント核を付与する接尾辞（root-initial-accenting suffix）と見る分析を展開しているが，この分析は (27e, f) のように少し長い語になるとうまくいかなくなる。観察される事実に対する包括的かつ簡潔な分析は，(28) に示すように，「ズ」を「語幹に無標アクセントを引き起こす韻律外要素」とみなす分析である。つまり「ズ」自体はアクセント付与のドメインに入らない一方で，語幹に対しては無標のアクセントを生み出す形態素という見方をとれば，〔名詞+ズ〕という形も〔名詞+長音+ズ〕という形も包括的に説明できる[18]。ここでも，入力のアクセントとは無関

---

18　（ゴ￢）ミー・ズや（ジ￢）ジー・ズの例ではアクセントが置かれたモーラが単独でフッ

語形成とアクセント | 67

係に，無標のアクセントが現れている。

(28) a.　（ゴ˥）ミー #ズ

　　b.　（ジ˥）ジー #ズ

　　c.　（ラ˥イ）オン #ズ

　　d.　（ト˥ン）ネル #ズ

　　e.　ド（ラ˥エ）モン #ズ

　　f.　ゴ（キ˥ブ）リー #ズ

　ここまで愛称語とチーム名・グループ名の形成に (14) の無標アクセントが出現することを見たが，もう一つ，赤ちゃん言葉（母親語，育児語）にも同じ現象が現れることを指摘しておきたい。日本語の赤ちゃん言葉にはオノマトペから派生した単語に加え，大人の語彙に由来するものがあり，このため日本語は赤ちゃん言葉が非常に豊かな言語になっている。

　ここで音韻的な特徴として非常に興味深いのが，すべての赤ちゃん言葉にアクセント核があり，平板型が出現しないということである（窪薗 2017a）。さらに，そのアクセント核の位置は (14) の規則の予測と一致する。つまり，オノマトペに由来するもの (29a) も，大人の語彙に由来するもの (29b) も，rightmost, non-final foot の位置にアクセント核を持つ。(30) に示すように，大人の語彙にはさまざまなア型が存在するにもかかわらず，そこから派生する赤ちゃん言葉は画一的なア型を示すのである。赤ちゃん言葉に現れるのは，まさに日本語（東京方言）の無標アクセントである。

(29) a.　（シ˥ッ）コ，（ウ˥ン）チ，（ポ˥ン）ポン，（ブ˥ー）ブー

　　b.　（バ˥ー）バ，（ク˥ッ）ク，（ダ˥ッ）コ，（ネ˥ン）ネ，（ハ˥イ）ハイ

(30)　　バ˥バ（婆），クツ˥（靴），ダク⁰（抱く），ネル⁰（寝る），

　　　ハ˥ウ（這う）

---

トを形成している。これは，それより前にモーラが欠如していることによるもので，空のモーラ位置（φ）を想定すると（φゴ˥）ミー #ズ，（φジ˥）ジー #ズとなり，rightmost, non-final foot に無標アクセントが生じるという (14) の一般化と合致するようになる。

## 6. 結び

ここまで複合語（第2節），アルファベット頭文字語（第3節），各種の短縮語（第4節），愛称語・チーム／グループ名・赤ちゃん言葉（第5節）のアクセントを考察してきた。これらの中には，複合語やアルファベット頭文字語のアクセントのように，出力のアクセントが入力のアクセントに大きく依存するものもあれば，愛称語やチーム名，赤ちゃん言葉のように，入力とは無関係に無標のアクセントが出現するものもある。さらに短縮語のように，短縮のタイプによって出力アクセントを決める要因が変わってくるものもある。

このように，語形成の出力アクセントを決める要因は一様ではない。語形成過程が多様であるのと同じように，出力のアクセントを決定する要因も多様なのである。また，複合語アクセントに見られるように，言語や方言によって出力アクセントを決める要因が微妙に異なるというケースも観察される。語形成というと東京方言で決定されたものがそのまま諸方言に借用されるように思われがちであるが，少なくとも出力のアクセントに関しては，その仮説を保証する根拠は存在しない。方言ごとにアクセントの体系が異なるのと同じように，語形成の出力アクセントを決める要因が方言間で微妙に異なっていても不思議ではない。ここに日本語研究の困難さと奥深さがある。

さらに，日本語の語形成過程は多様である。本稿で考察した過程に加えて，接辞が付加される各種の派生語 (31a)，オノマトペなどの畳語・反復語 (31b)，逆形成 (31c)，異分析 (31d)，混成語 (31e)，逆さ言葉 (31f) など多様な語形成過程が観察される（窪薗 2002）。

(31) a.　野次 → やじる，黒 → 真っ黒，手紙 → お手紙
　　 b.　村 → 村々，人 → 人々，しく → しくしく
　　 c.　つまらない（＝面白くない）→ つまる（＝面白い）
　　 d.　するめ → あたりめ，マンション → 億ション
　　 e.　ゴリラ／鯨 → ゴジラ，ひえ（稗）／稲 → ひね
　　 f.　札 → ダフ屋，工藤淳 → ジュンク堂

これらの過程によって作られた語がどのようなア型を持つのかという研究

は少なく，断片的な研究があったとして，出力のア型がどのような性格を持つのか―どこまで入力のアクセントに依存し，どこまで出力の音韻構造によって決まるか―という視点は乏しい。方言間の異同も射程に入れた，体系的な研究が期待される。

付記：本稿は JSPS 科研費 19H00530, 16H06319, 17K18502 および国立国語研究所共同研究プロジェクト「対照言語学の観点から見た日本語の音声と文法」による研究成果の一部を報告したものである。方言調査の話者の方々にもお礼申し上げる。

## 参照文献

秋永一枝 (1985)「共通語のアクセント」『NHK 発音アクセント辞典』巻末解説．東京：日本放送出版協会．

Árnason, Kristján (1980) *Quantity in historical linguistics.* Cambridge: Cambridge University Press.

Haraguchi, Shosuke (1991) *A theory of stress and accent.* Dordrecht: Foris.

早田輝洋 (1999)『音調のタイポロジー』東京：大修館書店．

Hayes, Bruce (1995) *Metrical stress theory: Principles and case studies.* Chicago: University of Chicago Press.

平山輝男 (1951)『九州方言音調の研究』東京：学界の指針社．

平山輝男 (編) (1960)『全国アクセント辞典』東京：東京堂出版．

Ito, Junko (1990) Prosodic minimality in Japanese. In: Michael Ziolkowski, Manuela Noske, and Karen Deaton (eds.) *CLS 26-II: The parasession on the syllable in phonetics and phonology*, 213–239. Chicago: Chicago Linguistic Society.

Kawahara, Shigeto (2015) The phonology of Japanese accent. In: Haruo Kubozono (ed.) *Handbook of Japanese phonetics and phonology*, 445–492. Berlin: De Gruyter Mouton.

Kawahara, Shigeto and Matthew Wolf (2010) On the existence of root-initial-accenting suffixes: An elicitation study of Japanese [-zu]. *Linguistics* 48(4): 837–864.

木部暢子・橋本優美 (2003)「鹿児島市方言の外来語の音調」『音声研究』7(3): 92–100.

窪薗晴夫 (1995)『語形成と音韻構造』東京：くろしお出版．

Kubozono, Haruo (1995) Constraint interaction in Japanese phonology: Evidence from compound accent. *Phonology at Santa Cruz* (PASC) 4: 21–38. University of California at Santa Cruz.

Kubozono, Haruo (1997) Lexical markedness and variation: A nonderivational account of Japanese compound accent. *Proceedings of the West Coast Conference on Formal Linguistics* 15: 273–287. Stanford, CA: CSLI Publications.

Kubozono, Haruo（1999）Mora and syllable. In: Natsuko Tsujimura（ed.）*The handbook of Japanese linguistics*, 31–61. Oxford: Blackwell.

窪薗晴夫（2001）「語順と音韻構造：事実と仮説」音声文法研究会（編）『文法と音声Ⅲ』107–140．東京：くろしお出版.

窪薗晴夫（2002）『新語はこうして作られる』東京：岩波書店.

窪薗晴夫（2006）『アクセントの法則』岩波科学ライブラリー118．東京：岩波書店.

Kubozono, Haruo（2006）Where does loanword prosody come from? A case study of Japanese loanword accent. *Lingua* 116: 1140–1170.

Kubozono, Haruo（2007）Tonal change in language contact: Evidence from Kagoshima Japanese. In: Tomas Riad and Carlos Gussenhoven（eds.）*Tones and tunes. Volume 1: Typological studies in word and sentence prosody*, 323–351. Berlin: De Gruyter Mouton.

Kubozono, Haruo（2008）Japanese accent. In: Shigeru Miyagawa and Mamoru Saito（eds.）*The Oxford handbook of Japanese linguistics*, 163–189. Oxford: Oxford University Press.

窪薗晴夫（2010）「アルファベット頭文字語のアクセントと音節構造」岸本秀樹（編）『ことばの対照』257–270．東京：くろしお出版.

Kubozono, Haruo（2010）Accentuation of alphabetic acronyms in varieties of Japanese. *Lingua* 120: 2323–2335.

Kubozono, Haruo（2015）Diphthongs and vowel coalescence. In: Haruo Kubozono（ed.）*Handbook of Japanese phonetics and phonology*, 215–249. Berlin: De Gruyter Mouton.

窪薗晴夫（2017a）「どうして赤ちゃん言葉とオノマトペは似ているの？」窪薗晴夫（編）『オノマトペの謎』121–142．東京：岩波書店.

窪薗晴夫（2017b）「音韻論の課題：類型論的観点から見た日本語の音韻構造」西山佑司・杉岡洋子（編）『ことばの科学』52–73．東京：開拓社.

Kubozono, Haruo（2017）Accent in Japanese phonology. In: Mark Aronoff（ed.）*Oxford research encyclopedia of linguistics*（online encyclopedia）. http://oxfordre.com/linguistics/view/10.1093/acrefore/9780199384655.001.0001/acrefore-9780199384655-e-279

Kubozono, Haruo（2018a）Bilingualism and accent changes in Kagoshima Japanese. In: Haruo Kubozono and Mikio Giriko（eds.）*Tonal change and neutralization*, 279–329. Berlin: De Gruyter Mouton.

Kubozono, Haruo（2018b）Mora sensitivity in Kagoshima Japanese: Evidence from *no* contraction. In: Ryan Bennett et al.（eds.）*Hana-bana: A festschrift for Junko Ito and Armin Mester.* https://itomestercelebration.sites.ucsc.edu/

窪薗晴夫・伊藤順子・メスター, アーミン（1997）「音韻構造からみた語と句の境界」音声文法研究会（編）『文法と音声』147–166．東京：くろしお出版.

McCarthy, John J. and Alan S. Prince（1994）The emergence of the unmarked: Optimality in prosodic morphology. In: M. Gonzàlez（ed.）*Proceedings of NELS 24*, 333–379.

Amherst, MA: GLSA, The University of Massachusetts, Amherst.

Prince, Alan and Paul Smolensky (1993) *Optimality theory: Constraint interaction in generative grammar. Technical Report #2*, Rutgers Center for Cognitive Science, Rutgers University. [2004, Malden, MA: Wiley-Blackwell.]

佐藤大和 (1989)「複合語におけるアクセント規則と連濁規則」杉藤美代子 (編)『講座日本語と日本語教育第 2 巻　日本語の音声・音韻 (上)』233–265.　東京：明治書院.

Shibatani, Masayoshi (1990) *The languages of Japan.* Cambridge: Cambridge University Press.

# 第4章

# 言語運用における意味計算

## ネクスト・メンションを例に

中谷健太郎・志田祥子

## 要旨

本稿では，言語運用の研究が言語知識の研究に果たす役割を，意味計算に焦点をあてて考察し，ヒトの言語能力に関する現実的なモデルを構築する際に言語運用に関する知見を考慮することの重要性を指摘する。その上で，心理言語学がレキシコンの研究に提示する諸問題のごく一部を簡単に紹介し，「語彙的意味」と「語用論的推論」，「言語的知識」と「世界知識」がシームレスにつながるモデルを考えることがより適切であると主張する。一例として，ネクスト・メンション選好を取り上げ，言語運用における意味計算の実際を検討する。

キーワード： 言語運用，語彙意味論，語用論的推論，世界知識，主題関係，活動動詞，心理動詞，文完成課題

## 1. 心理言語学から見た意味論

チョムスキーの認知革命（Chomsky 1959, 1965）によって言語理論研究のパラダイムシフトが起こって以来，理論言語学の対象は言語運用ではなく言語能力（言語知識）であり，その使命は言語知識の体系を明らかにすることとされてきた。では，言語運用を観察することが無用かと言えば，事実はまったく逆である。たとえば言語理論の構築にあたっては伝統的に，言語研究者の内省による文法性判断がデータとして用いられてきたが，「ある文に

[73]

対して文法性を判断する」こと自体が「言語運用」であることは言うまでもない。つまり，これまでもずっと，言語知識の研究は言語運用を通してのみ可能であったのである。

このように言語知識の研究には運用データが必須であるわけだが，近年いっそう実験的手法による心理言語学研究が注目を浴びつつある理由の一つに，研究者の内省によってデータを集積する限界が認識されてきたということがあろう。チョムスキーの初期の著作からすでに半世紀以上が経過し，その間になされた精力的な研究のおかげで，主な研究対象言語においては文法性判断がかなり出揃い，一方で，文法性判断の揺れの問題が議論されるようにもなった (Schütze 1996/2016, Gibson and Fedorenko 2013, Schütze and Sprouse 2013)。

この問題を解決する一つの有効な方法として，実験手法によって運用データを収集することが考えられる。母集団から無作為に標本を抽出してデータを集めるという心理言語学実験の手法は，"internal," "individual," "intentional" といった属性を持つと規定される I-language (Chomsky 1995 など) の検証方法としては，特に "individual" という観点からするとややズレがある。しかし前述したように，個人内あるいは個人間で判断に揺れがある場合や，判断が必ずしもカテゴリカルではない場合 (つまり白または黒という二項対立では捉えられない場合) においては，内省で確実な判断を下すことが容易でない。そのような場合に，理想化された母集団を設定して定量分析を行なうことは，意義のある方法論であると言えるであろう。

また，実時間上の運用データから言語理解の機序を解き明かそうとする心理言語学研究が進むにつれ，運用が知識を制限する，あるいは形作るという側面があることが明らかになりつつある。たとえば，レキシコンについての古典的研究を紐解くと，1960 年代末より意味概念の近接性に関する研究が盛んになされた。最初期にはメンタル・レキシコンにおける意味概念はたとえばカテゴリーの階層的分類 (タクソノミー) にしたがって組織立っている可能性が検討されたが (Collins and Quillian 1969)，その後階層性仮説に合わない実験結果が数多く報告され，メンタル・レキシコンの構造は意味概念のネットワークとして捉えた方がうまく説明できると考えられるようになった (Collins and Loftus 1975)。

意味概念の近接性についてもう少し具体的に触れると，ヒトが脳内にどのように語彙情報を格納しているかを検証するにあたってしばしばプライミング（Meyer and Schvaneveldt 1971）やそれに類した手法が用いられる。すなわち，ある語 $w_i$ を知覚して，それを特定の語彙項目として認知するのにかかる時間は，先行する語 $w_{i-1}$ が $w_i$ に関連した語である場合に短くなる。この場合，$w_{i-1}$ は $w_i$ のプライム（下準備）として働くと言う。たとえば DOCTOR という文字列（刺激）に対して，語彙性判断課題（与えられた文字列が当該言語に存在する語かどうかを瞬時に判定する課題）や語読み上げ課題（与えられた文字列を読み上げる課題）を課して，刺激提示から単語認知にかかる時間を計測した場合，先行する文字列が NURSE だった場合の方が TREE だった場合より速い。つまり，NURSE は DOCTOR に対するプライムとして働く。こういったプライミング現象は，語彙項目が互いに独立してメンタル・レキシコンに格納されているのであれば起こりえない。

　これは言語運用がレキシコンの構造や意味計算の実際に対して具体的かつ重要なカギを与えてくれるという古典的な一例だが，このような知見がすぐさま理論言語学における語彙意味論研究に取り入れられたとは言い難いようである。その理由の一つに，言語学における意味論が分析哲学の流れの上にあり，論理学に基づいた命題の分析に主眼がおかれてきたという研究史的な流れがあるだろう。このことは，論理学直系ともいえる形式意味論だけでなく，語彙分解概念意味論においても，フレーゲの構成性の原理に基づいているという点において，同様である。すなわち，「命題を部分から計算する」というモデルを追求する限り，モデルと言語運用との直接的な関係づけをするのが難しい。なぜなら，フレーゲの構成性の原理は，構成の局所的不確定性を前提としないため，厳密にボトムアップのモデルを導くのに対し，言語運用における言語の入力は局所的な不確定性に満ちており，その処理はしばしばトップダウンで行なわれるからである。局所的不確定性というのはたとえば The suspicious man inspected ... というリアルタイムの入力があった場合，inspected が過去形であるか過去分詞形であるかがその時点では確定しないというようなことである。言語運用においては，こういった不確定性を帯びた入力もトップダウンでインクリメンタルに処理を進める現象が見られる。

運用における意味計算がボトムアップでなされるとは限らないという傾向は，特に主要部後置言語において強いと考えられる。文の意味計算を考えた場合，構成性原理に基づくボトムアップの計算モデルでは，最初に併合するのは動詞と目的語である。しかし実際の運用において，聞き手・読み手が動詞に遭遇するのは，主要部後置言語では最後である。もし聞き手・読み手が運用においてボトムアップの意味計算を発動するのならば，動詞に遭遇するのを待ってからでないと計算を始められない。しかし，聞き手・読み手が文末まで処理を遅延しない（インクリメンタル処理を行なう）ということは心理言語学の分野では広く知られている。たとえば，Kamide et al.（2003）は，話者が単文を理解する際に，項構造を予測しながらインクリメンタル処理を行なうことを，視線計測によって示した。

インクリメンタル処理は単文の理解だけでなく，二つの文の間でも見られる。たとえば，以下のようなスキーマを考える。

(1)　　[$_{S_i}$ NP1 ... NP2 ...] [$_{S_{i+1}}$ Subj ... ]

先行する文 $S_i$ には，名詞 NP1 と NP2 が含まれており，これらが指示対象として談話の中に設定される場合，後に続く文 $S_{i+1}$ の主語にはこれら談話内の指示対象のいずれか，または第 3 の指示対象が来るであろう。どの指示対象が $S_{i+1}$ において最初に言及されるか（以降ネクスト・メンションと呼ぶ）について，聞き手・読み手はさまざまな情報および意味推論ストラテジーを用いて予測する。たとえば，Caramazza ら（Garvey and Caramazza 1974, Garvey et al. 1976, Caramazza et al. 1977）は以下のような例において，代名詞解釈の選好が異なると指摘した。

(2)　a.　John telephoned Bill, because he ...
　　　b.　John accused Bill, because he ...

すなわち，(2a) においては he の指示対象として John が選好され，(2b) においては Bill が選好されることが，文完成課題や，指示対象の命名課題などから明らかになった。Caramazza らは (2b) で he が主節の目的語を志向す

る理由を，accuse という動詞の語彙意味論にかかる「暗黙の因果律（implicit causality）」にあると主張した。すなわち，x が y を accuse するということが起こった場合，その原因が y にあるということが暗黙に了解されているということである。着目すべきは，この「暗黙の因果律」は語彙意味論で言うところの論理的含意ではないという点である。むしろ，これは前提や慣習的推意といった語用論的推論に属することである。しかし語用論的推論と言っても，語彙意味論から独立しているわけではないことは，（2a）と（2b）とで，因果律に関する前提の強さが異なることからも分かるだろう。すなわち，telephone という語彙項目と accuse という語彙項目では，前提となる因果律についての推論の強さが異なるのである。つまり，異なる語彙意味論が異なる語用論的推論を発動するということであり，語用論が語彙意味論に紐づけられているという側面があることを示している。

　語彙意味論に語用論的推論を取り入れた理論的枠組みとして，生成レキシコン理論におけるクオリア構造が挙げられる（Pustejovsky 1995）。クオリア構造の仮説によれば，語彙項目 $w$ の指示対象 $x$ の知識はアリストテレス的な因果律に基づく四つのレベル，すなわち，AGENTIVE（x がどのようにして発生したか），FORMAL（x とは何か），CONSTITUTIVE（x は何で構成されているか），TELIC（x はどのように機能するか）で構成されている。名詞の意味論にこのクオリア構造をあてはめるとすると，FORMAL と CONSTITUTIVE が外延にあたり，TELIC が内包，AGENTIVE は前提に関する知識を構成すると考えられる[1]。この理論は，語彙項目の意味論を単に「下位概念への分解」として捉えるのではなく，「語が表す概念と語が誘発する他の概念との関係（the relation between the concept expressed by the word and another concept that the word evokes）」（Pustejovsky and Jezek 2016）を基盤として捉える試みである点で，理論言語学発のメンタル・レキシコンのモデルとしては心理学発のメンタル・

---

1　一方動詞のクオリア構造については必ずしも説が定まっていないが，名詞と同じく FORMAL を外延，TELIC を内包（推論される結果事象），AGENTIVE を前提として解釈することが可能である。ただし Pustejovsky（1995）や Pustejovsky and Jezek（2016）などではこのような考え方は取られておらず，AGENTIVE から TELIC まで，クオリア構造全体を動詞の外延と捉え，クオリアの各役割をアスペクト演算子のように解釈している。一方で Bouillon and Busa（2001）や Nakatani（2013）など，TELIC を様相演算子と捉えて，TELIC 事象を内包として分析する立場もある。

レキシコンのモデルとの共通性があるとも考えられる。本稿ではクオリア構造には立ち入らないが，メンタル・レキシコンにおける語彙意味論の妥当なモデルを立てるにあたって，階層的・語彙分解的概念構造を考えるだけでは不十分であり，世界知識や推論を語の論理的含意に結びつけるようなモデルが必要であることを主張する。クオリア構造の AGENTIVE や TELIC はそのような役割を果たすと考えられる。また Caramazza らが指摘する語彙項目にまつわる「暗黙の因果律」は，外延的意味（論理的含意）の構造の「外」にあるものであるが，外延的意味と密接につながっている。たとえば，accuse の意味概念は，直接的には x の y に対する accuse 行為そのもの（外延）と結びついているが，そこに前提としての原因となる y の行動も結びつけられていると考えることができる。さらに，accuse した結果に関する推論（たとえば y がそれにより精神的ダメージを受けるなど）も緩やかに外延に結びついていると考えられる。

　このようなモデルに対して予想される反論として，「推論に関する情報は語用論あるいは世界知識の問題であってレキシコンとは切り離すべきだ」というものが考えられる。これについては以下のように反論できる。(i) このモデルにおいては，語彙項目と直接結びつけられる概念，すなわち外延と，そこに紐づけられる推論は，同一レベルで扱われるわけではない。つまり語彙項目の外延や論理的含意とそれに係る語用論的知識は区別された上で結びつけられる。(ii) 語彙項目の意味概念が前提や様相概念などと緩やかに結びついているのは経験的事実であり，言語モデルの「どこか」で取り扱わなければならない。これらの連結をレキシコンの「外」に置くというモデルを立てることは可能だが，そうしなければならない強い理由や証拠はないように思われる。(iii) Collins and Loftus (1975) の古典的な研究をはじめ，語彙アクセス研究においては，一つの語彙項目に紐づけられた意味概念が他の語彙項目に紐づけられた概念とネットワークを成しているということは広く認められており，語彙項目がそれぞれ独立して語彙概念を格納しているという仮説はむしろ経験的に支持されない。(iv) Pustejovsky の生成レキシコン理論ではすでに「語彙的知識と世界知識の区別」についての疑義が提示され，特に名詞の意味は外延にとどまらないという説得的な主張がなされている。(v) Pustejovsky のモデルでは，レキシコンの情報と動的な意味調整がシーム

レスに連動しており，本稿で主張する，推論過程とレキシコンを特に分離しないモデルは新奇なものではない。(vi) 最後に，動詞の暗黙の因果律といった前提推論の強弱や有無は，Caramazza らが指摘するように，語彙項目によって異なる。つまり，どのような推論が発動されるかは語彙項目によって異なり，その意味で，語彙項目の直接的な論理的含意とそれにまつわる語用論的推論は，完全に独立しているわけではないと言える。

以上のことから，語彙項目に直接結びつけられた情報と，推論に基づいて連結される意味概念群を，独立したものとして別個に扱わなければならない強い動機はないと言える。

以下では，ネクスト・メンション選好，すなわち，後続文で主語として言及する項の候補が先行文に複数ある場合，どの項が選好的に予測されるかを文完成課題によって検証した結果を報告し，「語彙意味論と言語運用の相関がどのような意味解釈を駆動するのか」ということについてのケース・スタディとする。

## 2. 先行する事象の意味論とネクスト・メンション選好

ネクスト・メンション選好の先行研究としては，代名詞解釈の解消 (pronoun resolution) の研究が広く行なわれてきた。すなわち，後続文の主語代名詞が先行文の項のどれを指すかが曖昧な場合，読み手・聞き手がどの項の解釈を好むか，そしてその選好はどのような要因に導かれるのかという問題である。選好を導く要因としては，統語的並行性 (Kameyama 1996)，談話の流れ (Grosz et al. 1995 などのセンタリング理論)，文間の整合性 (Hobbs 1979, Kehler 2002)，そして，事象構造・主題関係 (Stevenson et al. 1994, 2000) などが提唱されている。本稿は言語運用における意味論の位置付けが主眼なので，意味論の影響に焦点をあてた整合性の理論と事象構造・主題関係の理論を取り上げる。

### 2.1 Kehler (2002) の整合性理論

Kehler (2002) は，2文の間の整合的な関係 (coherence relation) を三つのタイプすなわち (i) 相似 (Resemblance)，(ii) 因果 (Cause-Effect)，および (iii) 不確定的事態 (Contingency) に分類し，これら異なるタイプの整合性が

異なる代名詞解釈選好を導くとしている。

(3) 相似 Resemblance
John kicked Bill. *He* then punched Bob.　　　　[*He* = John]
(4) 因果 Cause-Effect（Implicit causality）
John accused Bill. *He* had stolen some money.　[*He* = Bill]
(5) 不確定的事態 Contingency
John telephoned Bill. *He* responded.　　　　　　[*He* = Bill]

(3) においては構造的相似に基づき，代名詞 *He* は，John であると解釈される傾向がある。(4) において，accuse という行為は，その目的語（Bill）が非難される原因をつくることにより引き起こされると解釈され（因果推論），また次の文の内容が非難の原因を描写していると推論できるため，Bill が主語の解釈となる。これは accuse という語彙項目が暗黙の因果律（implicit causality）の推論を強く誘発するためであることは前節で述べた通りである。(5) は不確定的事態の例であり，telephone という動詞が因果推論も結果推論も誘発しないため，次の文で描写される事象が不確定的である。その場合，焦点は目的語に移る傾向があり，Stevenson et al. が主張するように（後述），談話の焦点が事象の終点に向かいやすいという特性がその原因の一つとなっている。このように，先行する文の指示する事象の意味論や，後続する文の指示する事象との整合的意味関係から，代名詞解釈の選好をある程度説明できる。

## 2.2　接続詞の役割

整合性理論では，先行する文の事象の意味論が後に続く代名詞解釈に影響を及ぼすとするが，接続詞も同様に代名詞解釈の曖昧性の解消に深く関係することが知られている（Ehrlich 1980, Kehler 2002, Stevenson et al. 1994, 2000）。たとえば，admire は暗黙の因果律推論を誘発する動詞だが，接続詞によって代名詞解釈の選好が異なる。

(6) a.　Ken admires Jeff, so *he* ...　　　　[*he* = Ken]

b.　　Ken admires Jeff, because *he* ...　　　[*he* = Jeff]

(6a) における接続詞 so の場合，事象の推移に着目し，原因に着目しないため，代名詞 *he* は Ken であるとの解釈が選好される。一方で，(6b) に挙げられる because は，原因に言及する接続詞であるため，先行する文の因果関係に焦点をあてる。admire という事象は，目的語である Jeff の行為が原因であると考えられるため，原因を指向する because に続く *he* は Jeff であると解釈される。この (6b) のように原因に焦点があたる場合の代名詞解釈やネクスト・メンション選好に関しては，先行文の動詞が因果律推論を誘発するかどうかである程度確実な予測ができることが知られている (Garvey and Caramazza 1974, Garvey et al. 1976, Caramazza et al. 1977, McKoon, Green and Ratcliff 1993, Kehler 2002, Rohde et al. 2011 など。日本語については Ueno and Kehler 2016 を参照)。しかし一方で，(6a) のような結果指向の接続詞 so が導くネクスト・メンション選好や，不確定的事態 (Contingency) のケースに関しては，先行文の事象意味論がどのような影響を及ぼすのかについて明らかになっているとは言い難い。この問題について，事象構造・主題関係の果たす役割を主張した Stevenson et al. の仮説を紹介し，その理論的・概念的問題点を指摘する。

## 2.3　Stevenson et al. の事象構造・主題関係に基づく仮説

　Stevenson et al. (1994, 2000) は，聞き手・読み手が (彼女らの言う) 事象動詞 (event verb) に遭遇すると，「活動の，三段階の心理表示 (tripartite mental representation of the action)」が構築されると主張した。すなわち，(i) 前提条件 (pre-condition)，(ii) 活動 (action)，(iii) 終点・帰結 (endpoint/consequence) の三段階の表示である。たとえば，以下のような文を考えてみる。

(7)　　John broke the vase.

まず，そもそも花瓶が存在していなければ，事象自体が起こりえないため，(i) 前提条件にあたるのは花瓶が存在している状態であり，次に，(ii) 活動は John が花瓶に対して壊すという行為であり，最後に，(iii) 終点・帰結に

あたるのは，花瓶が壊れたという段階である。Stevenson et al. は，because などの原因（事象の出自）を指向する場合を除くと，談話の焦点は，終点に移る傾向があり，それゆえネクスト・メンション選好はこの三段階表示の終点におかれやすいと主張した。

さらに Stevenson et al. は，事象構造の終点の考え方を主題関係にも対応させて捉え，たとえば，活動動詞（action verb）の場合，終点にあたるものは，主題関係では被動者（Patient）や目標点（Goal）にあたると主張する。状態動詞（state verb）の場合は活動ではないので三段階表示は構築されないが，終点として捉えられるのは，因果関係では結果に位置する経験者（Experiencer）であるとしている。以下の例はそれを示している。

(8) a. 活動動詞（action verb）：被動者・目標点＝終点
　　　 Joe hit Patrick, so ...　　　　　　　　[⇒ Patrick が期待される]
　　 b. 状態動詞（state verb）：経験者＝終点
　　　 Joe hated Patrick, so ...　　　　　　　[⇒ Joe が期待される]

このように Stevenson et al. は，事象構造を主題役割に照らし合わせることで，ネクスト・メンションの傾向を主題役割の観点からも予測することができるとし，文完成課題の結果によりその仮説が支持されると報告した。

## 2.4　Stevenson et al.（1994, 2000）の問題点

以上見てきた Stevenson et al. のネクスト・メンション選好に対してのアプローチには，理論的・概念的な問題がいくつか存在する。まず一つ目の問題点は，終点の定義が不明確であるということである。事象構造における終点と言えば，Vendler（1957）に端を発する語彙アスペクトの研究では通常有界性・限界性（boundedness, telicity）を指し，先ほどの (7) の例では，花瓶が割れたという結果を有界的・限界的（bounded, telic）な終点であると問題なくみなすことができる。しかし，Stevenson et al. は，Agent-Patient 動詞として hit を挙げている。hit 事象は必ずしも状態変化を含意せず，hit という行為の結果何も変化がなかった場合でも，hit 事象が成り立つと言える。よって語彙アスペクトの研究においては，hit のような単純な打撃動詞には結果

の論理的含意がないと通常分析され，有界的・限界的とは捉えられない。Stevenson et al. が hit に関して終点を持つと考えることと整合しないと言える[2]。

　事象構造の「終点」にこだわらず，「被動者」の観点から理論を考えれば良いと思われるかもしれない。hit の目的語が被動者項であるのは明らかなので，その点は問題はない。しかし，これは二つ目の問題点なのだが，主題関係において「被動者」の定義（分類基準）がはっきりしない。hit のような典型的な他動詞ならば問題はないが，事象の種類によっては被動者にあたるものがはっきりしない場合がある。たとえば，以下のような例における下線部の項は被動者だろうか。

(9)　a.　He was looking for a proper tutor.

　　　b.　She met a friend.

　　　c.　I thank my parents for their support.

これらの項を被動者と呼べるならばどのような基準でそう判断できるのか。被動者でないならば何なのか。そしてそれは事象の「終点」としてネクスト・メンション選好のターゲットとなりうるのか。主題関係の定義の困難さについては先行研究でも指摘されている通りである（Rappaport and Levin 1988, Jackendoff 1990）。他動性の強い動詞における典型的な主題関係ならばさほど問題はないし，おそらく Stevenson et al. の研究もそのようなケースに絞った上での実験だったのではないかと推測される（彼女らは実験材料を開示していないので推測に過ぎないが）。しかし，典型例を外れた場合にどのような予測を生むのか，事象構造や主題関係に依拠した仮説では予測が困難である。これらのことをふまえた上で，ネクスト・メンション選好を予測する要因についてもう一度検討する必要がある。

---

2　なお，Stevenson et al.（1994, 2000）の研究では Agent-Patient 動詞として hit の他にどのような動詞が使われていたのか，情報が示されておらず，不明である。

## 2.5 「気付き」と「影響」

　原因指向である because に導かれる場合以外のネクスト・メンション選好が，先行する文の「終点」に移行しやすいという Stevenson et al. の主張は，大枠ではおそらく正しいが，それを事象構造や主題役割を用いて理論化することには問題があることを，前節までで指摘した。その問題点の根本には，事象構造や主題役割が離散的 (discrete) なカテゴリー変数であることが関わっている。すなわち，事象を「終点」付きのものと「終点」付きでないものに分ける，あるいは行為の対象を「被動者」と「被動者」でないものに分けるといった，1 か 0 かの二項対立カテゴリーを前提にしているところに限界があると考えられる。本研究では，今まで検討されてきた論点とは焦点を変えたアプローチを検証する。すなわち，目的語の指示対象が事象にどの程度気付いているか (awareness)，どの程度影響を受けるか (affectedness) について，聞き手・読み手が推論し，これら連続変数がネクスト・メンション選好に影響を及ぼすという仮説を立てる。

　たとえば，以下の例を考えてみる。

(10) a. 　太郎がアキラを探した。
　　 b. 　太郎がアキラを殴った。

どちらの文も，ヒトを項にとっている他動詞文であり，その目的語「アキラ」の指示対象は動詞が指示する行為の対象であるが，その両者の関係性が (10a, b) では異なる。まず，アキラが動詞の指示する行為に気付いていたか (awareness) について見ていくと，(10a) の動詞「探した」の場合，アキラが太郎に探されたことに気付いている可能性は低いと考えられる一方で，(10b)「殴った」の場合，アキラが殴られたことに気付くのは（世界知識として）明らかである。同様に，アキラが影響を受けたかどうか (affectedness) についても，(10a) においては，アキラが探されたことに対する直接的影響は少ないと推論される一方で，(10b) の場合，太郎がアキラに直接的に働きかけているので，アキラは影響を多く受けるであろうと考えられる。このように，カテゴリカルな指標からネクスト・メンション選好にアプローチすると解決できない場合も，度合いという連続指標を導入することで選好の予測

に段階性が生じ，予測の精度が上がると考えられる。

　なお，Stevenson et al.（1994: 526）は被動者（Patient）の定義として，「行為の影響を受ける者（someone or something affected by an action）」としており，本研究で言う affectedness と基本的には同様の概念を用いた説明だと言える。しかし，Stevenson et al. が「影響を受ければ Patient，受けなければ Patient ではない」というカテゴリカルな二項対立を念頭においている（離散変数である）のに対し，本研究は，「影響」は連続変数であると考えるのがより適切だと主張する。もしそうだとすれば，そもそも主題役割も，階層性を持った事象構造も，モデルの中に導入する必要はない。すなわち，ネクスト・メンション選好を駆動するのは，主題役割や事象構造といった語彙項目の意味論的な素性ではなく，語彙項目の意味論に紐づけられた推論の強さの度合いであるという仮説である。

　この仮説を検証するために，二つの実験を行なった。まず，さまざまな活動動詞と心理動詞について，目的語の「気付き」と「影響」の度合いを調査するために，基準形成研究（norming study）を行なった。次に，それらの動詞を先行文に用い，さらに接続詞によって整合性の統制を行なった上で，後続文を産出させる文完成課題実験を行ない，その結果が基準形成研究で得られた変数とどれくらいの相関があるかを検証した。

## 3. 実験 1：基準形成研究

　実験 1 では，それぞれの動詞が持つ目的語指示対象の「気付き」と「影響」の度合いを調べるために，質問紙を用いた基準形成研究を行なった。

### 3.1 方法

　実験文は，（10a, b）のようにヒトを項に取る他動詞文で，人名は主語「太郎」目的語「アキラ」に統一した。実験参加者には，文を読んだ後，直前に提示された文の内容に対する（11a, b）のような「気付き」と「影響」に関する質問いずれかに答えてもらった。

（11）a.　アキラはそれに気付きましたか？
　　　b.　アキラはそれによって影響を受けましたか？

どちらの文も（10a, b）の文で直接目的語であったアキラが主語とされ，これらに対して5段階評価（1が不同意，5が同意）で答えてもらった。

実験参加者は，オンライン・クラウドソーシング・サービス Lancers[3] を通して募集した日本語母語話者302人だった。実験自体はオンライン心理言語実験ホスティング・サービスである Ibex Farm[4] に用意され，実験参加謝金（32円）が Lancers 経由で支払われた。実験文は，心理動詞または活動動詞を使った他動詞文79文であった。各実験参加者には79文のうち44文が配分され，擬似ランダム提示された。それぞれの文を読んだ後に提示される質問文は，半分が気付きに関する質問文で，残り半分が影響に関する質問文であった。

## 3.2 結果

それぞれの動詞について，評価値の平均を表1に示す。全体として活動動詞の方が心理動詞よりも評価が高いことが分かる。たとえば典型的な一例を引けば，「夢見た」（気付き = 1.4，影響 = 1.5）に対し，「殴った」（気付き = 4.8，影響 = 4.7）というような数値が見られる。心理動詞の平均値は気付き = 3.0，影響 = 3.1に対し，活動動詞は気付き = 4.0，影響 = 3.8であった。各動詞の「気付き」または「影響」の評価値平均を従属変数とする単回帰分析において，「心理動詞か否か」という説明変数の効果は有意だった（気付き：$t = -4.9, p < .001$，影響：$t = -3.6, p < .001$）。調査した心理動詞には「苛立たせる」「怒らせる」のような使役動詞が含まれており，これらは使役形ゆえに，当然目的語の気付き・影響が高い値になるので，これら統語的使役形の心理動詞を排除して分析すると，心理動詞の平均値は気付き = 2.6，影響 = 2.7と下がり，活動動詞との差は大きくなる（気付き：$t = -7.6, p < .001$，影響：$t = -6.2, p < .001$）。これらの結果から考察できることは，心理動詞は感情を表すので，基本的には動作主は目的語には働きかけない一方で，活動動詞は，直接目的語に対して働きかけるので，気付き・影響共に高い評価値を得たと考えられる。

---

3 https://www.lancers.jp/

4 Alex Drummond 作。http://spellout.net/ibexfarm/

言語運用における意味計算 | 87

## 表1 「気付き」と「影響」の平均評価値
(色付きセルが心理動詞[5]，アスタリスクは $t$ 検定による気付き vs. 影響の有意差)

| V | 気付き | 影響 | V | 気付き | 影響 | V | 気付き | 影響 |
|---|---|---|---|---|---|---|---|---|
| 夢見た | 1.4 | 1.5 | 認めた | 3.0 | 3.2 | 激怒した | 4.3 | 4.2 |
| イメージした | 1.5 | 1.5 | 怖がった | 3.0 | 2.8 | なだめた | 4.3*** | 3.8 |
| 思い出した | 1.5 | 1.7 | 騙した | 3.1 | 4.4*** | 訪ねた | 4.4* | 4.0 |
| 尾行した | 1.8 | 2.4 | 評価した | 3.3 | 3.3 | 呼んだ | 4.4*** | 3.9 |
| 懐かしんだ | 1.8 | 1.9 | 避けた | 3.3 | 3.3 | 責めた | 4.4 | 4.3 |
| 忘れた | 1.9 | 2.3 | 見つめた | 3.4*** | 2.6 | 慰めた | 4.5* | 4.1 |
| 目撃した | 1.9 | 1.9 | 許した | 3.5 | 3.7 | 助けた | 4.5 | 4.6 |
| 見かけた | 2.0* | 1.6 | 追いかけた | 3.5 | 3.8 | 誘拐した | 4.5 | 4.7 |
| 目指した | 2.2 | 2.2 | 驚いた | 3.5 | 2.8 | 怒らせた | 4.5 | 4.5 |
| 探した | 2.2 | 2.0 | 近づいた | 3.5 | 3.3 | 驚かせた | 4.5 | 4.5 |
| 見逃した | 2.3 | 2.5 | 感謝した | 3.6 | 3.6 | 祝った | 4.5*** | 4.1 |
| 見守った | 2.3 | 2.3 | にらんだ | 3.6 | 3.4 | 怒った | 4.5 | 4.5 |
| 失望した | 2.4 | 2.7 | バカにした | 3.8 | 4.1 | 忠告した | 4.6*** | 4.0 |
| うらやんだ | 2.4 | 2.3 | 邪魔した | 3.9 | 4.3 | つついた | 4.6 | 4.0 |
| 気付いた | 2.5 | 2.1 | 補佐した | 4.0 | 4.1 | 告白した | 4.7 | 4.4 |
| 憎んだ | 2.5 | 3.2*** | 従った | 4.0 | 3.2 | 激怒させた | 4.7 | 4.7 |
| うんざりした | 2.6 | 2.6 | 非難した | 4.0 | 4.2 | 招待した | 4.7*** | 3.8 |
| 信じた | 2.6 | 3.0* | 批判した | 4.0 | 4.0 | 蹴った | 4.7 | 4.7 |
| 恐れた | 2.7 | 2.6 | 正した | 4.0 | 4.3 | 襲った | 4.7 | 4.7 |
| 理解した | 2.7 | 2.7 | 楽しませた | 4.1 | 4.5 | 謝った | 4.7*** | 4.0 |
| 信頼した | 2.8 | 3.2* | 怖がらせた | 4.1 | 4.4 | 会った | 4.7*** | 3.8 |
| 嫌った | 2.8 | 3.2* | 魅了した | 4.1 | 4.1 | 叩いた | 4.7 | 4.7 |
| 尊敬した | 2.8 | 3.1 | 褒めた | 4.1 | 4.3 | 刺した | 4.8 | 4.8 |
| 見つけた | 2.8 | 2.5 | 追いついた | 4.2*** | 3.3 | 殴った | 4.8 | 4.7 |
| 怯えた | 2.8 | 2.6 | 怯えさせた | 4.2 | 4.6 | 呼びだした | 4.8*** | 4.1 |
| 待った | 2.9* | 2.5 | 苛立たせた | 4.3 | 4.4 | 倒した | 4.8 | 4.7 |
| いらついた | 3.0 | 2.7 | | | | | | |

　これ自体は驚くべき結果ではないが，しかし注目すべき点は，評価値が
はっきりと分かれる動詞もある一方，「にらんだ」（気付き =3.6，影響 =3.4）

---

5　知覚，認知，感情の動詞を心理動詞とした。「怒った」はここでは他動詞で「叱った」
の意味。

や，「近づいた」(気付き = 3.5，影響 =3.3) のように値が中間を取る場合や，
「尾行した」(気付き = 1.8，影響 = 2.4) や「探した」(気付き = 2.2，影響
= 2.0) のように，活動動詞にも関わらず，目的語に与える影響が小さい動詞
も見られたことである。このようなケースでは，事象構造や主題役割に基づ
く理論の予測が不明確である。

　実験2では，ここで得られた動詞ごとの気付きと影響の評価値を元に，
気付きと影響といった連続変数が，主題役割という離散変数よりも，ネクス
ト・メンション選好をうまく予測できるかどうかを検証していく。

## 4.　実験2：文完成課題とネクスト・メンション

　実験2では，「気付き」や「影響」といった連続変数の方が，主題役割と
いう離散変数よりもネクスト・メンション選好に対して良い予測をするとい
う本研究における仮説が支持されるものであるかどうかについて検証する。

### 4.1　方法
　実験には (12) のような文完成課題を採用した。

　　(12)　サトシがユウタを探した。
　　　　　{だから／そして／なぜなら} ＿＿＿＿＿＿＿＿＿＿。

(12) は，先行する他動詞文に接続詞が続いており，実験参加者に自然な文
になるように続きの文を完成してもらう。接続詞の後に続く主語候補として
は，先行する文の主語と目的語であるサトシとユウタの二つが考えられ，ど
ちらが言及されやすいかを調べた。

　実験参加者は，Lancers を通して募集した日本語母語話者123人で，謝金
は108円が支払われた。実験自体は Ibex Farm 上で行なった。実験文で使用
される動詞は，実験1から選ばれた動詞42個であり，心理動詞については
使役形のものは除いた[6]。一つの文に対し三つの接続詞「だから／そして／な

---

6　心理動詞については，使役型のもの (x が y を苛立たせる) と始動型のもの (y が x に苛
立つ) とでは項関係が鏡像の関係にあり，項のネクスト・メンション選好を検証する本研究
では同じものとして扱うことができない。使役型は目的語 y が影響および気付きで高い値

言語運用における意味計算 | 89

ぜなら」のいずれかが続く。これら 42 × 3=126 文をラテン方格法で三つの
リストに分配した。実験参加者には，先行する文の主語か目的語の人物どち
らかを主語にして文を完成させるように明示的に指示を行なった。実験 1 と
同じくそれぞれの項はすべて人名（固有名詞）としたが，実験 1 と違い，産
出に際して多様な場面想定ができるように，項目文ごとに異なる人名を用い
た。

## 4.2 結果

　分析においては，先行文の目的語が後続文の主語になる場合（談話の中心
が目的語に移動するという意味でこれを本稿では object shift と呼ぶ）の割合
を求めた。ヲ格項だけでなくニ格項も目的語扱いとした。結果のコーディン
グにあたっては，それぞれの結果を <subject 変数, object 変数 > の配列とし
て数値化し，先行文の主語が引き続き後続文の主語になる場合を <1, 0>,
object shift の場合を <0, 1> として数値化，後続文の主語が先行文の主語と
目的語の複合である場合（例：「リュウタがダイゴを見かけた。なぜなら，
二人は同じ目的で同じ場所にいたからだ」）を <0.5, 0.5>，いずれでもないも
のや不明なものは <0, 0> として数値化，object shift の割合を（object 変数の
合計）／（object 変数と subject 変数の合計）として計算した。実験のインス
トラクションにおいては主語の選択について，主語の人名を明記するように
指示したが，ゼロ代名詞を用いる回答が多く見られた。そのような場合，文
脈によって主語の指示対象が常識的に復元できる場合はそれを主語として分
析を行なった(たとえば「タクマがセイジをなだめた。だから，落ち着いた」
→「セイジが落ち着いた」⇒ <0, 1> ／「タカシがユウジを思い出した。だ
から，今度会いに行こうと思った」→「タカシがユウジに会いに行こうと
思った」⇒ <1, 0>)。第三者が主語になっている場合や主語をどちらかに特
定できない場合（たとえば「リュウタがダイゴを見かけた。なぜなら前を歩
いていたから」→どちらが？）は <0, 0> として分析から除いた。

---

を示すのは明らか (x が y を苛立たせれば y は苛立つという影響を受け，かつ苛立ちに自覚
的である）であり，この点では「殴る」といった典型的他動詞と変わりがない。本研究では
目的語の影響度や気付き度が低い場合に，どのようなネクスト・メンション選好が見られ
るかを検証したいので，使役型の心理動詞は省いた。

得られた結果に対し，単回帰分析と相関の検定を行ない，実験参加者が完成させた文の主語（ネクスト・メンション）が先行文の主語ではなく目的語である割合（object shift の割合）が，実験 1 で測定した目的語指示者の「気付き」の度合い，「影響」の度合い，そして先行主語指示者の「主題役割（経験者か否か）」，それぞれとどの程度相関しているかを検証した。

まず表 2 にそれぞれの object shift の平均値を示す。主題役割を分けない接続詞ごとの全体平均値を比較すると，「そして」41.6%，「だから」60.8%，「なぜなら」62.2% となり，「そして」よりも「だから」と「なぜなら」に object shift が起こりやすいことが見て取れた（「そして」をベースラインとする回帰分析における「だから」の効果：$t = 3.2, p < .005$，「なぜなら」の効果：$t = 3.5, p < .001$）。

表 2　object shift の平均値（括弧内は標準誤差）

| 接続詞 | 全体平均値（SE） | 経験者主語 | 動作主主語 |
|---|---|---|---|
| そして | 41.6%（3.9） | 18.2%（4.1） | 55.9%（3.5） |
| だから | 60.8%（4.8） | 30.1%（5.4） | 79.7%（3.6） |
| なぜなら | 62.2%（3.8） | 66.5%（5.7） | 59.5%（5.1） |

次に，object shift の値を従属変数として「主題役割」「気付き」「影響」それぞれの要因との相関の検定を行なった。また「気付き」と「影響」の数値のいずれか大きい方を採用したものを「気付き・影響」の要因として設定し，これについても object shift との相関の検定を行なった。「主題役割」要因については，先行文主語が経験者である場合に 1，そうでない場合を 0 として検定した[7]。各動詞の「気付き」と「影響」の要因については，実験 1 の基準形成調査で得られた連続変数を用いた。表 3 に相関係数の一覧を示す。「そして」「だから」については，いずれの要因でも object shift の相対頻度と高い相関関係が見られた。相関係数は -1 と 1 の間の値を取り，絶対値が 0.7 を超えると「強い相関」であるとみなすことができるとされる。「主題役割」要因

---

7　主題役割の予測は，「経験者主語の場合は，ネクスト・メンションは主語指向になりやすい（object shift が起こりにくい）」というものなので，相関の検定もその方向（すなわち，object shift でない割合が経験者主語と正の相関をするかどうかという方向）で行なった。

と object shift の相関係数は「そして」0.73,「だから」0.78 であったが,「気付き」要因や「影響」要因の方がやや高い相関を示し,「気付き・影響」要因はさらに高く,「そして」0.77,「だから」0.84 という相関係数を示した。「なぜなら」については予測通り,いずれの要因ともほとんど相関を示さなかった。図1に,「主題役割」要因と「気付き・影響」要因について,散布図と回帰直線を示す。回帰直線は回帰分析の予測を代表しており,それぞれのデータ・ポイント（白い丸）からの距離の二乗の合計が一番小さくなるように引かれた（最小二乗法）。つまり,この直線に近いデータ・ポイントは理論の予測に沿っており,遠いものは理論の予測から外れているものである。

表 3  object shift と各要因の相関係数

| 要因 | そして | だから | なぜなら |
|---|---|---|---|
| 主題役割 | 0.73 | 0.78 | -0.14 |
| 気付き | 0.73 | 0.81 | 0.04 |
| 影響 | 0.77 | 0.82 | 0.11 |
| 気付き・影響 | 0.77 | 0.84 | 0.06 |

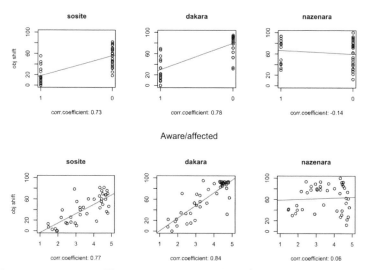

図 1  object shift の説明要因としての主題役割（経験者主語かどうか）（上）および気付き・影響（いずれかの高い方の値）（下）

最後に，単回帰分析の線形モデルから得られた予測と本実験から得られた結果を表4にまとめた。Aff/Aw の欄には，実験1で得られた「気付き・影響」の平均評価値（気付きと影響の値の大きい方）が示され，O.S. の列は object shift の割合（%），「予測」の列は線形モデルから予測された object shift の割合，「誤差」は，実際の object shift の割合と予測値の差である。網掛けの箇所は，誤差が大きく観察された動詞（つまり理論の予測に合わなかった動詞）である。たとえば「探した」の場合，予測された object shift が30.2% なのに対し，実際の割合は70.8% と，予測よりもはるかに上回った結果になった。一方で，「会った」の場合，予測値が89.3% であるのに対し，実際は31.8% と，予測より下回る結果が得られた。これらの結果を説明できると考えられる原因は明らかでなく，今後検証する必要がある。

## 表4　線形モデルの予測と object shift の比率の比較

（(f) =「影響」の評価値が「気付き」のそれより有意に大きい動詞，(w) =「気付き」の評価値が有意に大きい動詞）

| Verb | Aff/Aw | O.S. | 予測 | 誤差 | Verb | Aff/Aw | O.S. | 予測 | 誤差 |
|---|---|---|---|---|---|---|---|---|---|
| イメージした | 1.5 | 21.9 | 11.9 | 9.9 | 許した | 3.7 | 78.4 | 64.8 | 13.6 |
| 夢見た | 1.5 | 7.9 | 11.5 | -3.6 | 批判した | 4.0 | 89.5 | 72.5 | 17.1 |
| 思い出した | 1.7 | 0.0 | 16.9 | -16.9 | 追いついた (f) | 4.2 | 70.8 | 75.9 | -5.0 |
| 目撃した | 1.9 | 22.2 | 22.8 | -0.6 | 褒めた | 4.3 | 91.9 | 80.3 | 11.6 |
| 懐かしんだ | 1.9 | 17.9 | 21.2 | -3.3 | なだめた (w) | 4.3 | 93.2 | 79.8 | 13.5 |
| 見かけた (w) | 2.0 | 9.5 | 23.5 | -14 | 訪ねた (w) | 4.4 | 82.8 | 80.6 | 2.2 |
| 目指した | 2.2 | 34.2 | 28.8 | 5.4 | 責めた | 4.4 | 92.9 | 82.3 | 10.5 |
| 探した | 2.2 | 70.8 | 30.2 | 40.6 | 呼んだ (w) | 4.4 | 90.5 | 82.2 | 8.3 |
| うらやんだ | 2.4 | 32.9 | 35.1 | -2.3 | 騙した (f) | 4.4 | 84.6 | 82.7 | 1.9 |
| 気付いた | 2.5 | 13.5 | 36.6 | -23.1 | 祝った (w) | 4.5 | 90.3 | 84.2 | 6.0 |
| 恐れた | 2.7 | 33.3 | 41.5 | -8.1 | 怒った | 4.5 | 91.5 | 84.2 | 7.2 |
| 失望した | 2.7 | 15.1 | 41.7 | -26.6 | 慰めた (w) | 4.5 | 87.5 | 82.9 | 4.6 |
| 待った (w) | 2.9 | 53.0 | 46.4 | 6.6 | 忠告した (w) | 4.6 | 92.9 | 85.9 | 6.9 |
| 怖がった | 3.0 | 48.7 | 49.3 | -0.6 | 招待した (w) | 4.7 | 87.5 | 88.0 | -0.5 |
| いらついた | 3.0 | 20.0 | 47.3 | -27.3 | 叩いた | 4.7 | 92.5 | 90.0 | 2.5 |
| 信じた (f) | 3.0 | 69.4 | 49.5 | 20.0 | 謝った (w) | 4.7 | 80.6 | 88.7 | -8.1 |
| 信頼した (f) | 3.2 | 67.1 | 53.7 | 13.3 | 蹴った | 4.7 | 91.0 | 88.0 | 3.0 |
| 嫌った (f) | 3.2 | 55.6 | 54.0 | 1.6 | 会った (w) | 4.7 | 31.8 | 89.3 | -57.5 |
| 憎んだ (f) | 3.2 | 45.9 | 54.0 | -8.1 | 殴った | 4.8 | 92.9 | 90.9 | 1.9 |
| 見つめた (w) | 3.4 | 94.9 | 58.2 | 6.7 | 刺した | 4.8 | 62.9 | 92.3 | -29.4 |
| 感謝した | 3.6 | 52.8 | 62.9 | -10.2 | 呼びだした (w) | 4.8 | 91.0 | 91.0 | 0.1 |

## 4.3 考察

これらの実験結果から明らかになったことは以下の通りである。まず，「そして」に比べて「だから」に導かれた文は object shift が起こりやすいことが分かった。「そして」が導く論理関係が比較的曖昧で，Kehler (2002) の整合関係で言えば不確定的事態（Contingency）に相当するのに対し，「だから」は因果関係の結果指向であるのは明らかなので，より「終点」指向が強まったと考えられる。ただし，「そして」に比しての「だから」による object shift の強化は，活動動詞だけでなく（「そして」30.1%⇒「だから」79.7%），経験者主語の心理動詞にも見られる（「そして」18.2%⇒「だから」55.9%）。Stevenson et al. (1994, 2000) の仮説によれば経験者役割が「終点」とみなされるので，「終点」指向の「だから」によって経験者主語のネクスト・メンション選好が強化されるはずである。しかし結果は object shift の強化が観察されたので，Stevenson et al. の主題役割理論の予測に反する。主題役割指向の理論の一つの限界と言えるだろう。

次に，object shift の割合と説明変数の相関だが，まず主題役割（すなわち，先行文主語が経験者か否か）は「そして」「だから」について高い相関を示した（「そして」相関係数 0.73，「だから」相関係数 0.78）。これは，主題役割というカテゴリカルな変数であったとしてもかなりの程度良い予測ができることを示唆している。しかし，「気付き」や「影響」といった連続変数は，主題役割よりやや高い相関を見せ，特に「気付き・影響」（いずれか高い方の評価値）は「そして」0.77，「だから」0.84 という高い相関係数を示した。「気付き・影響」要因に基づく理論のメリットは単に「主題役割」要因よりも高い数値を叩き出すということにとどまらない。図 1 を見れば明らかであるが，主題役割というカテゴリカルな変数は，「経験者主語かそうでないか」という二者択一の基準であるため，その線形モデル（図 1 で示される実線）は，「経験者主語」の object shift の平均値と「非経験者主語」の object shift の平均値を一本の線で結ぶものに過ぎない。つまり，経験者主語の心理動詞や経験者主語ではない活動動詞にも，心理性，活動性においてさまざまなレベルがあると考えられるにも関わらず，主題役割自体がカテゴリカルな指標であるため，それぞれのタイプ内のグラデーションを想定した予測モデルを立てることは原理的にできない。「気付き・影響」という連続変数を

導入することは，数値的により高い予測を生むというだけではなく，「気付き・影響」の段階的な強さ弱さがどの程度の object shift を誘発するかという，より詳細な理論モデルの構築を可能にするのである。

また，このような連続変数に基づくモデルを立てることによって，理論に合わないケースをあぶりだすことができた。object shift が予測より多く起こった動詞としては「信じた」（予測 49.5%，観察 69.4%），「探した」（予測 30.2%，観察 70.8%），逆に object shift が予測より少なかった動詞としては，「気付いた」（予測 36.6%，観察 13.5%），「失望した」（予測 41.7%，観察 15.1%），「いらついた」（予測 47.3%，観察 20.0%），「会った」（予測 89.3%，観察 31.8%），「刺した」（予測 92.3%，観察 62.9%）といったものがある。これらの原因については，今後詳細な検証が必要である。

最後に，予測通りに，「なぜなら」の場合は，「そして」と「だから」の場合とは異なる結果が得られたが，それは，「なぜなら」が事象の原因（つまり起点）に焦点をあてる接続詞だからである。よって今回検証した「主題役割」「気付き」「影響」いずれも「終点」を特徴付ける変数であるため，相関が見られなかったと考えられる。

## 5. 結語

本研究では，ネクスト・メンション選好に対して，カテゴリカルな指標ではなく，「気付き」や「影響」のような連続指標の方が良い予測をするという仮説に基づき，実験による検証を行なった。実験 1 では，仮説を検証するのに必要な動詞それぞれについて「気付き」と「影響」の度合いを基準形成研究（norming study）として 5 段階評価を用いて行なった。結果として，直接目的語に働きかける活動動詞の方が心理動詞よりも「気付き」「影響」共に高い値を取る結果が得られたが，活動動詞 vs. 心理動詞（または動作主 vs. 経験者）という二項対立では捉えられない中間的な評価値も広く見られた。

それらの結果をふまえ，実験 2 では，連続変数の object shift に対する効果を検証するため，接続詞に続く文を完成させる形式で，文完成課題を行なった。その結果，「そして」と「だから」の場合，「気付き・影響」といった連続変数は「主題役割」というカテゴリー変数より良い予測をすることが

分かった。また，連続変数に基づくモデルの方が，より細やかな動詞のタイプに対する予測を立てられるという利点があることを見た。その上で，線形モデルから計算される object shift の割合と，実際に観察された割合が異なる結果が得られた動詞もあぶりだされ，それについては，今後再検討が必要である。

　本研究は，端的に言えば，世界知識に基づく語用論的推論がネクスト・メンションの予測に大きな影響を与えていることを示した。しかしそれは単に「語用論の問題」として語彙意味論から独立した形で片付けることはできない。なぜならば，これは「語彙意味論に基づく事象意味論によって発動する語用論」であるからである。つまり，語彙意味論の計算に接続する形で語用論的推論が発動するというメンタル・モデルを立てる必要があるということである。しかし，第1節で指摘したように，「推論」メカニズムや「世界知識」を，レキシコンと分離したものとして考えることが妥当かどうかは真剣に検討する必要がある。むしろ，心理言語学研究の結果が示唆するのは，「語彙知識」と「世界知識」，「論理的意味計算」と「語用論的推論」がシームレスにつながっているという構図である。今後も言語運用のメカニズムを検証することによって，より現実的なレキシコンのモデルを構築する試みが待たれる。

## 参照文献

Bouillon, Pierrette and Federica Busa (2001) Qualia and the structuring of verb meaning. In: Pierrette Bouillon and Federica Busa (eds.) *The language of word meaning*, 149–167. Cambridge: Cambridge University Press.

Caramazza, Alfonso, Ellen Grober, Catherine Garvey, and Jack Yates (1977) Comprehension of anaphoric pronouns. *Journal of Verbal Learning and Verbal Behaviour* 16: 601–609.

Chomsky, Noam (1959) A review of BF Skinner's *Verbal behavior. Language* 35: 26–58.

Chomsky, Noam (1965) *Aspects of the theory of syntax.* Cambridge, MA: MIT Press.

Chomsky, Noam (1995) *The minimalist program.* Cambridge, MA: MIT Press.

Collins, Allan M. and Elizabeth F. Loftus (1975) A spreading-activation theory of semantic processing. *Psychological Review* 82: 407–428.

Collins, Allan M. and M. Ross Quillian (1969) Retrieval time from semantic memory. *Journal of Verbal Learning and Verbal Behavior* 8: 240–248.

Ehrlich, Kate (1980) Comprehension of pronouns. *Quarterly Journal of Experimental*

*Psychology* 32: 247–255.

Freedman, Jonathan L. and Elizabeth F. Loftus (1971) Retrieval of words from long-term memory. *Journal of Verbal Learning and Verbal Behavior* 10: 107–115.

Garvey, Catherine and Alfonso Caramazza (1974) Implicit causality in verbs. *Linguistic Inquiry* 5: 459–464.

Garvey, Catherine, Alfonzo Caramazza, and Jack Yates (1976) Factors influencing assignment of pronoun antecedents. *Cognition* 3: 227–243.

Gibson, Edward and Evelina Fedorenko (2013) The need for quantitative methods in syntax and semantics research. *Language and Cognitive Processes* 28: 88–124.

Grosz, Barbara, Aravind K. Joshi, and Scott Weinstein (1995) Centering: A framework for modeling the local coherence of discourse. *Computational Linguistics* 21: 202–225.

Hobbs, Jerry (1979) Coherence and coreference. *Cognitive Science* 3: 67–90.

Jackendoff, Ray (1990) *Semantic structures*. Cambridge, MA: MIT Press.

Kameyama, Megumi (1996) Indefeasible semantics and defeasible pragmatics. In: Makoto Kanazawa, Christopher Piñon, and Henriëtte de Swart (eds.) *Quantifiers, deduction, and context*, 111–138. Stanford, CA: CSLI Publications.

Kamide, Yuki, Gerry T. M. Altmann, and Sarah L. Haywood (2003) The time-course of prediction in incremental sentence processing: Evidence from anticipatory eye movements. *Journal of Memory and Language* 49: 133–156.

Kehler, Andrew (2002) *Coherence, reference, and the theory of grammar*. Stanford, CA: CSLI Publications.

McKoon, Gail, Steven B. Greene, and Roger Ratcliff (1993) Discourse models, pronoun resolution, and the implicit causality of verbs. *Journal of Experimental Psychology* 19: 1040–1052.

Meyer, David E. and Roger Schvaneveldt (1971) Facilitation in recognizing pairs of words: Evidence of a dependence between retrieval operations. *Journal of Experimental Psychology* 90: 227–234.

Nakatani, Kentaro (2013) *Predicate concatenation: A study of the V-te V predicate in Japanese*. Tokyo: Kurosio Publishers.

Pustejovsky, James (1995) *The generative lexicon*. Cambridge, MA: MIT Press.

Pustejovsky, James and Elisabetta Jezek (2016) Introducing qualia structure. Ms. available from http://lrec2016.lrec-conf.org/media/filer_public/2016/05/10/tutorialmaterial_pustejovsky.pdf. (To appear in: James Pustejovsky and Elisabetta Jezek (eds.) *A guide to generative lexicon theory*. Oxford: Oxford University Press.)

Rappaport Hovav, M. and Beth Levin (1988) What to do with θ-roles. In: Wendy Wilkins (ed.) *Syntax and semantics 21: Thematic relations*, 7–36. New York: Academic Press.

Rohde, Hannah, Ronald Levy, and Andrew Kehler (2011) Anticipating explanations in relative clause processing. *Cognition* 118: 339–358.

Schütze, Carson T. (1996/2016) *The empirical base of linguistics: Grammaticality judgments and linguistic methodology*. Chicago: University of Chicago Press. (Reprinted in 2016 by Language Science Press, Berlin.)

Schütze, Carson T. and Jon Sprouse (2013) Judgment data. In: Robert J. Podesva and Devyani Sharma (eds.) *Research methods in linguistics*, 27–50. Cambridge: Cambridge University Press.

Stevenson, Rosemary J., Rosalind A. Crawley, and David Kleinman (1994) Thematic roles, focus and the representation of events. *Language and Cognitive Processes* 9: 519–548.

Stevenson, Rosemary, Alistair Knott, Jon Oberlander, and Sharon Mcdonald (2000) Interpreting pronouns and connectives: Interactions among focusing, thematic roles and coherence relations. *Language and Cognitive Processes* 15: 225–262.

Ueno, Mieko and Andrew Kehler (2016) Grammatical and pragmatic factors in the interpretation of Japanese null and overt pronouns. *Linguistics* 56: 1165–1222.

Vendler, Zero (1957) Verb and times. *Philosophical Review* 66: 143–160.

# 第 5 章

# 軽動詞構文における
# 意味役割付与のメカニズム

## 岸本秀樹

**要旨**

　本稿では，軽動詞構文に現れる「する」が行為や出来事の意味を表し，項構造をもつことを示す。動作主主語をとる軽動詞構文の「する」は，動作主主語と動詞的名詞および目標を表す目的語に対して意味役割を与え，その他の項は動詞的名詞によって意味役割が与えられる。非動作主構文では，「する」が動詞的名詞にのみ意味役割を与え，その他の項は動詞的名詞によって意味役割が与えられる。「する」の選択する項は節内で意味役割が与えられるが，動詞的名詞の内部で意味役割が与えられる項は，項上昇が起こると節の項となる。この派生の違いは，いくつかの言語現象に反映されることを示す。

キーワード：　動詞的名詞，意味役割，軽動詞，動作主主語，非動作主主語，項上昇

## 1.　はじめに：軽動詞構文

　日本語には，動詞的名詞（VN（verbal noun））と「する」が組み合わされて作られる軽動詞構文がある。軽動詞構文は，2つの形式が可能である。(1a) は VN が「する」と複合される形式で，(1b) は，VN が対格（ヲ格）で標示されて，「する」の目的語として現れる形式である。

[99]

(1) a. 先生が生徒に助言した。
   b. 先生が生徒に助言をした。

軽動詞構文は，英語の (2) のような軽動詞構文に相当するとされることがある（Jespersen 1966, 影山 1993, Miyamoto 1999 など）。

(2) a. Tom took a look at the lady.
   b. Tom gave the corridor a sweep.

軽動詞構文では，「勉強」「助言」のような VN が文の重要な情報を担い，動詞「する」自体は時制を指定するが，それほど実質的な意味をもたないとみなされるからである（Miyamoto and Kishimoto 2016）。そうすると，日本語の動詞的名詞（VN）＋スルの形式をもつ軽動詞構文では動詞「する」と（実質的な意味をもつ）VN の 2 つの要素が一種の複雑述語を形成していると考えることができる。

　軽動詞構文においては，VN が文の意味を決定する重要な情報を担うとされるが，動詞「する」がどのようなステータスをもつのかに関しては，議論が分かれる。例えば，Grimshaw and Mester (1988) は，軽動詞構文の「する」は項構造をもたず，VN がすべての項の意味役割を決めるとしている。「する」が項構造をもつ動詞であるとする分析もあり，Hasegawa (1991)，Uchida and Nakayama (1993) などは，項に与える意味役割が含まれる項構造を動詞「する」がもつと主張している[1]。

　本稿では，軽動詞構文の項の意味役割がどのように決定されるかについて検討する[2]。本稿の主な論点は，軽動詞構文に現れる項が「する」に由来する場合と動詞的名詞に由来する場合があること，そして，意味役割について

---

1　Uchida and Nakayama (1993) は 2 つの仮説を the light *suru* hypothesis と the heavy *suru* hypothesis と呼んでいる。

2　動詞的名詞が目的語として現れている構文でも，VN は「する」に編入されると分析されることがある。Saito and Hoshi (2000)，Kishimoto (2001) は LF で動詞的名詞が「する」に編入されると分析しているが，Kageyama (1991, 1999) は抽象的な編入があると分析している。Baker (1988) も参照。

は，動詞「する」が動作主や主題の意味役割を節のレベルで項に与えるが，その他の「する」がもちえない意味役割は，VN がその投射の中に現れる項に対して与え，VN 内の項は項の上昇によって節の項になることである。

## 2. 「する」の項構造に関する 2 つの仮説

本稿では，軽動詞「する」が項の意味役割を指定する項構造をもつことを示す。この点に関して先行研究で扱われている構文は，ほとんどが動作主主語構文であるが，本稿では，動作主主語をとるか非動作主主語をとるかによって「する」が (3) で示されている異なる項構造をもっていることを論じる[3]。

(3)　a.　する：<Agent, (Goal), Theme(VN)>
　　　b.　する：<Theme(VN)>

具体的には，軽動詞構文が動作主主語をとる場合「する」は「X が VN の表す行為を (Y に対して) 行う (**X** does the act of **VN** (to **Y**))」という意味を表し，(3a) のような項構造をもつ。これに対して，軽動詞構文が非動作主主語をとる場合，「する」は「VN の表す出来事が起こる (The event of **VN** takes place)」という意味を表し，(3b) のような項構造をもつ。

Grimshaw and Mester (1988) は，(4) のような例を用いて，項の意味役割が VN に由来し，「する」は元来意味役割をもたないとする分析を提案している。

(4)　　少年が村人にオオカミが来ると警告をした。

Grimshaw and Mester は，(5a) のように動詞的名詞「警告」がすべての意味役割をもち，(5b) の「する」の項構造には意味役割が指定されていないと仮定する。そして，(5c) のように，動詞的名詞と「する」が組み合わさる

---

3　Theme(VN) は，VN に与えられる主題の意味役割を表す。本稿では，(3) のように，「する」がとる項構造を 2 つに大きく分類しているが，VN の表す出来事によって軽動詞構文全体の項のパターンが変わるため，動作主をとる「する」の項構造をさらに細分化する必要があるかもしれない。本稿では，この問題にこれ以上立ち入らないことにする。

と，動詞的名詞の意味役割が「項転移（Argument Transfer）」によって動詞
「する」に転移された上で，文中の項に意味役割を与えるとしている。

(5) a.　警告（Agent, Goal, Theme）
　　b.　する（　）<acc>
　　c.　警告（　　）＋する（Agent, Goal, Theme）<acc>

軽動詞構文に現れる項の意味役割がすべて動詞的名詞に由来するという提案
は，Saito and Hoshi（2000）にも見られる。ただし，Saito and Hoshiでは，意
味役割の付与は，名詞がLFレベルで動詞に編入することにより可能になる
と提案している。
　軽動詞構文の「する」が独自の項構造をもっているとする分析も提案され
ている。例えば，Hasegawa（1991）は「する」を三項動詞とみなし，「する」
が動作主主語，出来事を表す目的語（＝VN），そして随意的に目標を表す間
接目的語を選択すると主張する。つまり，「する」を <Agent, (Goal), Theme>
のような項構造をもつ動詞と考えるのである。Uchida and Nakayama（1993）
は「する」が主語と目的語を選択する他動詞であると主張する。また，Terada
（1990）も「する」が項を選択する動詞であるとみなしている。
　本稿の分析は，基本的に「する」が項構造をもつとする分析であるが，そ
の項構造は，動作主主語をとるか非動作主主語をとるかで異なる。本稿の提
案では，動作主主語構文（6a）では，「する」が（3a）の項構造をもち，動作
主と目標の2つの項およびVNを選択する。

(6) a.　少年が <Agent> 村人に <Goal> ［オオカミが来ると］<Theme> **警告を** した。
　　b.　[Agent Goal **Theme** [VNP ~~Theme~~ VN<Theme>] (-を) する <Agent, Goal, Theme(VN)>]

動作主と目標およびVNは節内において「する」から意味役割が与えられ
る。引用句となる主題項はVNが選択する項で，まずVN内に現れて意味役
割を与えられ，その後，項上昇（argument ascension）の操作を受け，（6b）の
ように節内に現れる。ここで提案する分析では，Grimshaw and Mester の分

析とは異なり，意味役割の付与はその意味役割をもつ主要部の投射の中で起こる。

　ただし，以下でも議論するように，「する」が選択する項は，節内で意味役割を受けるが，VN も同じ意味役割を項に与えることを妨げるものではない。実際，「警告」のような VN は項構造をもち，(7) のように VN 内に動作主や主題項を（随意的に）生起させることもできる[4]。

(7)　（少年の）（村人への）警告

以下でも議論するように，軽動詞構文内に同じ意味役割を受けることが可能な位置が 2 つある場合には，特殊な文脈を与えると「する」と VN に由来する同じ種類の意味役割をもつ項が 2 つ現れることが許される。

　非動作主主語が現れる軽動詞構文 (8a) の「する」は動作主を選択しない非対格動詞なので，(3b) の項構造をもち，VN のみを選択する[5]。非動作主主語は，(8b) で示されるように，VN 内に生成され意味役割を受け取り，その後，項上昇によって主語位置に移動する。

(8)　a.　火山が $_{<\text{Theme}>}$ 噴火を した。
　　 b.　[**Theme** [$_{\text{VNP}}$ ~~Theme~~ VN$_{<\text{Theme}>}$] (-を) する $_{<\text{Theme(VN)}>}$]

動作主主語の軽動詞構文と非動作主主語の軽動詞構文では，異なる派生が関わるものの，本稿の提案では，意味役割の付与は常に項構造の備わった主要部要素と項が局所的な関係をもつことによって成立する。

　次節以降，動作主主語軽動詞構文の動作主主語と VN および目標が「する」の選択する項となり，その他の項（例えば，結果を表す項）が VN から

---

4　名詞の項の具現化は随意的である (Grimshaw 1990)。以下でも議論するように，「する」のもつ意味役割は「する」から項に与えられるが，「する」のもたない意味役割は VN から与えられる。

5　この場合「する」の項構造の中にある動作主が抑制されていると考えることができる（第 5 節参照）。

の項上昇によって派生されることを示す経験的事実を見ていく。また，非動作主主語の軽動詞構文では，「する」が VN のみを選択し，非動作主主語が VN からの項上昇によって生起することを同様の経験的事実から示すことができる。

## 3. 動作主主語をとる軽動詞構文

　動作主主語をとる軽動詞構文の「する」は「X が VN の表す行為を（Y に対して）行う（**X** does the act of **VN** (to **Y**))」という意味を表す。この意味から，動作主主語の現れる軽動詞構文の「する」は，(9) のように，動作主（Agent），目標（Goal），主題（Theme）の意味役割を項構造にもつと仮定できる。

(9)　する：<Agent, (Goal), Theme(VN) >

「する」が意味役割を与えない項には，VN 内で VN から意味役割が与えられる。この項が項上昇の操作によって VN から取り出されると，節の項として現れる。動詞「する」の選択する項と VN が選択する項は，いくつかのテストによって区別することができる。以下では，適正束縛条件（Proper Binding Condition）の効果，項重複（Argument Doubling），特定性条件（Specificity Condition）の効果，および項省略（Argument Ellipsis）を見ることによって 2 つのタイプの項を区別することができることを示す。

　基本的に軽動詞構文の「する」が表す意味から，軽動詞構文に現れる項の意味役割が「する」によって与えられるか，VN によって与えられるかを決めることができる。例えば，(10) の 2 つの文は，同じ格パターンを示すが，ニ格項のもつ意味役割は異なる。

(10) a.　先生が学生に助言をした。　（動作主，**目標**，VN）
　　　 b.　先生が実業家に転身をした。（動作主，**結果**，VN）

(10a) のニ格項は「目標（Goal）」を表すが，(10b) のニ格項は「結果（Result）」

を表す[6]。動作主主語の軽動詞構文が「X が VN の表す行為を（Y に対して）行う（**X does the act of VN (to Y)**）」という意味を表すならば，（10a）では，目標を表すニ格項は「する」から意味役割を受けるが，（10b）の「結果」の意味を表すニ格項は，項上昇によって VN から抜き出されて，節の項になっているはずである。

（11）の 2 つのニ格項は異なる主要部から意味役割を受けているが，節の中に現れる項が項上昇の操作によって VN から取り出されたかどうかは，適正束縛条件（Proper Binding Condition）の効果が出るかどうかを見ることによって確認できる。適正束縛条件とは，移動により残された痕跡（あるいはコピー）が先行詞に適正に束縛（c-統御）されていなければならないとする要請である（Fiengo 1977）。まず，（11）からわかるように，（10a）の VN を題目化，関係節化，擬似分裂などの操作によって構造上上位の位置に移動させても問題はない。

(11) a. 助言を$_i$先生が学生に $t_i$ した。　　　　（かき混ぜ）
　　 b. 助言は$_i$先生が学生に $t_i$ した。　　　　（題目化）
　　 c. ［先生が学生に $t_i$ した］助言$_i$　　　　（関係節化）
　　 d. ［先生が学生に $t_i$ したの］は助言$_i$だ。　（擬似分裂）

これに対して，（10b）の VN に同様の統語操作を適用すると，（12）のように非文法的になる。

(12) a. ＊転身を$_i$先生が実業家に $t_i$ した。　　　（かき混ぜ）
　　 b. ＊転身は$_i$先生が実業家に $t_i$ した。　　　（題目化）
　　 c. ＊［先生が実業家に $t_i$ した］転身$_i$　　　（関係節化）
　　 d. ＊［先生が実業家に $t_i$ したの］は転身$_i$だ。（擬似分裂）

（12）が容認されないのは，適正束縛条件の違反が起こることによる。例え

---

6　結果項を選択する VN は変化の意味を表す。このタイプの VN は，他に「転向」「転化」「変化」「転籍」などがある。

ば，(12a) のかき混ぜ文は，(13a) のように VN 内にある結果項が項上昇によって取り出され，次に (13b) のように VN がかき混ぜによって結果項よりも構造的に上位の位置に移動されるという派生が関わる。

(13) a. ［先生が 実業家に$_i$ ［ $t_i$ 転身］-を する］

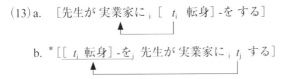

b. *［［ $t_i$ 転身］-を］$_j$ 先生が 実業家に$_i$ $t_j$ する］

(13) で示されている派生の結果，結果項は VN の中に残された移動の痕跡を c-統御できなくなり，容認されない文ができる。(12b–d) も結果項が痕跡を c-統御できない同様の構造が派生し容認されない。これに対して，(11a) では，(14) で示されているように，移動の痕跡が含まれない VN が前置されているだけである。

(14) ［… 助言-を］$_i$ 先生が 学生に $t_i$ する］

(11a) では，VN から項の抜き出しが起こっていないので VN に対して移動の操作が適用されても適正束縛条件の違反のような問題は起きない。(11b–d) の派生も同様で，これらの例はすべて容認される。

次に，項の重複の可能性について見る。項の重複は，動詞「する」が与える意味役割と同じ意味役割を VN が与えられる時に起こる現象である。例えば，「警告する」の目標は，(15) に示されるように，2 通りの現れ方が可能である。

(15) a. 先生が健太に警告をした。
    b. 先生が［健太への警告］をした。

(15a) と (15b) の「健太」は異なる格標示をもち，現れる位置も異なるが，どちらの場合も，「健太」は警告の行為が向けられる「目標」と解釈できる。「警告をする」の場合，(16) で示されているように異なる格標示をもつ目標

項を同時に表出することが可能である。

(16)　先生が健太に［真理への警告］をした。

(16) の文を適切に解釈するには，もともと「真理」に向けられるはずの警告が「真理」の代わりに（あるいは「真理」と誤って）「健太」に発せられるという「代理 (proxy)」の文脈が必要になる。(16) のような文を作ることができるのは，「する」がニ格項に目標の意味役割を与え，それとは独立にVN がノ格項に目標の意味役割を与えるからである。これに対して，目標が同じ格標示をもつ場合には，どのような文脈を想定しても，項を重複させることはできない。

(17) a. ＊先生が健太に真理に警告をした。
　　 b. ＊先生が［健太への真理への警告］をした。

(17) のような軽動詞構文が非文法的なのは，2 つの目標項に同じ格標示を与えてしまうと，1 つの主要部から 2 つの項に同じ意味役割が与えられることになるからである[7]。
　「転身」の場合も，(18) のように，結果項に対してニ格あるいはノ格で標示するパターンが可能である。

(18) a.　先生が実業家に転身をした。
　　 b.　先生が［実業家への転身］をした。

VN が結果項に意味役割を与え，結果項が項上昇によって抜き出されると (18a) が派生される。結果項が VN から取り出されないならば，(18b) が派生される。

---

7 「警告」のような VN では，目標を表すのに「に」以外に「に対する／に対して」のような標識を使用できるが，同一の領域内では異なる標識を用いても項の重複はできない。
　(i) a. ＊先生は健太に真理に対して警告をした。
　　 b. ＊先生は［健太に対する真理への警告］をした。

「警告」とは異なり，「転身」の場合は，たとえ代理の文脈が与えられ，項の格標示が異なっていたとしても，結果項を文中で重複させることはできない。

(19) a. ＊先生が実業家に［政治家への転身］をした。
　　 b. ＊先生が実業家に政治家に転身をした。
　　 c. ＊先生が［実業家への政治家への転身］をした。

これは，「する」が結果項をとることができず，「転身」のみが結果の意味役割を与えることができるからである。「転身」では，結果項に対して意味役割を与える要素が1つしかないため，たとえ文脈が整っていたとしても，意味役割の制限から項の重複は起こらず，(19) はすべて非文法的になるのである。

　項の選択の可能性を示す3つ目の証拠は，項の抜き出しにかかる特定性条件（Specificity Condition）の現象から得られる。特定性条件はもともとFiengo and Higginbotham (1981) が観察した名詞句からの抜き出しに課される制限である。

(20) a. 　Who did you see a picture of?
　　 b. ＊Who did you see that picture of?

(20) で示されているように，特定の指示をもつ名詞句は，Wh句などの抜き出しができない。

　軽動詞構文でVN内からの項上昇が起こる場合に，特定性条件の効果が出る。例えば，「転身」は，「その」「あの」「例の」「その時の」のような特定的な指示をもつ限定表現を伴うと，(21) のような容認性の違いが観察される。

(21) a. 　先生が［その実業家への転身］をした。
　　 b. ＊先生が実業家にその転身をした。

「その転身」は特定の指示をもつ名詞句である。(21a) のように結果項が VN の中にある場合には，特定性条件の違反は起こらない。しかし，(21b) のように，結果項がニ格で標示されると，特定性条件の違反が起こり，文は容認されない[8]。ちなみに，「転身」は特定の指示をもたなければ (22) のように形容詞などの修飾が可能である[9]。

(22) a.　あの先生は実業家に華麗な転身をした。
　　　b.　あの先生は実業家への華麗な転身をした。

英語の例と同様に，(21b) において (項の抜き出しに起因する) 特定性条件の効果が観察される。この事実は，結果項の「実業家」が VN「転身」の中で意味役割を受け，その後に項上昇により抜き出されていることを示唆している。これに対して，VN が「警告」の場合は，特定性条件の効果は現れない。

(23) a.　あの先生が健太にその (厳しい) 警告をした。
　　　b.　あの先生が [その健太への (厳しい) 警告] をした。

(23a) と (23b) の軽動詞構文はともに文法的である (また，形容詞の有無も容認性に影響がない)。(23a) の「その警告」では，目標項がニ格で標示されても特定性条件の効果が現れない。このことは，目標項が VN からの抜き出しによって生起するのではないことを示している。

　項の抜き出しの可能性を確認できるもう 1 つの経験的な証拠は，項省略の事実から得られる。日本語においては，動詞の選択しない項が節の項として認可されることがある。その代表例が大主語と意味上の主語がガ格で標示

---

8　(21a) の意図する読みは，「その」が「転身」を修飾するものである。「その」と「実業家」の間にポーズがあると，当該の解釈は得られやすくなる。また，「あの先生がその転身をした」のように「転身」の結果項が表出されない場合も，特定性条件の効果は観察されない。

9　抜き出しの起こっていない VN でも常に形容詞の修飾が可能というわけではないかもしれないが，少なくとも，(22) の例は，形容詞の修飾可能性が特定性条件と相関しないことを示している。

される多重主語構文である。

(24) a. あの子供が目が赤い。
　　 b. ［あの子供の目］が赤い。
　　 c. あの子供が$_i$［$t_i$ 目］が赤い。

Kuno (1973) によると，(24a) のガ格の大主語は (24b) のようなノ格項が主語化 (subjectivization) を起こすことによって派生され，(24c) の構造をもつ。この構文では，(25) のように大主語のホストになる主語を省略すると容認されない。

(25) ＊おとといは忠夫が目が赤かったが，昨日は晶子が赤かった。

(25) では，第 1 文が第 2 文の先行文脈になり，第 2 文で意味上の主語が省略されている。この場合，第 2 文は，大主語が述語の主語として解釈されてしまい，意図した意味では容認されない[10]。

　軽動詞構文においても，動詞が直接選択しない節の項は，項上昇によって派生される。そうすると，大主語構文と同じように，ホストが省略されると，容認されなくなると予測される。実際に，「助言をする」と「転身をする」の文に現れるニ格で標示される項について (26) のような文法性の対比が観察される。

(26) a. 山田先生は健太に助言をしたが，鈴木先生は真理にした。
　　 b. ＊山田先生は実業家に転身をしたが，鈴木先生は政治家にした。

「助言をする」の軽動詞構文に現れるニ格項は目標を表す。この項は，「する」によって選択される目標項であるため，(26a) は容認される。これに対して，「転身をする」の文に現れるニ格項は，VN「転身」により結果の意味

---

10　第 2 文の大主語をガ格ではなく，「晶子 ｛は／も｝赤かった」にすると容認性が上がる。これは，ハやモが伴う大主語には，VN からの抜き出しではなく，節の中で基底生成される可能性があるからである（Saito (1985) などを参照）。

役割が付与された後に，項上昇によって節内に現れている。そのために，
(26b) は非文法的になる。

　本節では，動作主主語をとる軽動詞構文では，「する」が「X が VN の表
す行為を（Y に対して）行う（**X does the act of VN (to Y)**）」という意味を表
すため，<Agent, (Goal), Theme(VN)> の項構造をもち，文中に現れる動作主
と目標を表す項および主題項（VN）に対して意味役割を与えること，およ
び，それ以外の意味役割をもつ項が現れる場合には，VN が意味役割を与え
ることを論じた。VN から意味役割を受ける項が文中の項として現れる際に
は項上昇の操作が適用されるので，「する」によって意味役割が与えられる
項とは異なる振る舞いをする。

## 4. 非動作主主語をとる軽動詞構文

　軽動詞構文には，前節で考察した動作主主語構文の他に，非動作主主語を
とる構文がある。本節では，非動作主主語構文に現れる主語は VN からの項
上昇によって派生されることを示す。

　非動作主主語構文は，動作主主語構文とは異なる分布を示す。Miyagawa
(1989)，Tsujimura (1990)，Terada (1990) などで議論されているように，非
動作主主語の軽動詞構文は，VN に対格標示が出ないことが多い。

(27) a.　水が {\*蒸発をした／蒸発した}。
　　 b.　風船が {\*膨張をした／膨張した}。

Miyagawa (1989)，Tsujimura (1990) などは，VN には非能格タイプと非対
格タイプがあり，非対格タイプの VN は対格標示が可能であるのに対して，
非能格タイプの VN は対格標示が現れないとしている。ただし，完全な動作
主ではなくても，主語が使役者あるいは動作主に準じるものと認定される場
合には，対格標示が可能になる。

(28) a.　電車が発車をした。
　　 b.　バスが急発進をした。　　　　　　　　　　　　（Kageyama 1991: 175）

Kageyama (1991) は (28) の主語を意図性がある主体（動作主に相当する）と
考えている。実際に，「電車／バスがそこにいる」という表現も可能なので，
意図的な行為を行う動作主を（電車やバスのような）乗り物に拡張したと考
えることができる。一方で，主語が意図的な行為をする主体とは考えられな
い (29) も容認性が高い。

> (29) a.　火山が噴火をした。
> 　　 b.　超新星が突如（大）爆発をした。

「火山」の場合，「*火山がそこにいる」とは言えず，「火山がそこにある」
としなければいけないので，「火山」は拡張された動作主とは考えにくい。
むしろ，(29a) は，意図的な行為というよりも火山が起こす内的な原因によ
り引き起こされる自律的な出来事を表しているので，VN は対格標示が可能
であると考えられる。「噴火」の軽動詞構文に現れる主語は，動作主ではな
い。この場合の「する」は，「VN の表す出来事が起こる（The event of **VN**
takes place）」の意味を表し，(30) のような項構造をもっていると考えるこ
とができる。

> (30)　する：＜Theme(VN)＞

そうすると，(29a) の主語の「火山」は，動詞「する」が選択する主語では
なく，VN「噴火」の中において主題の意味役割を与えられた後に VN から
上昇する項であり，(31) のような派生が関与すると考えられる。

> (31)　[**Theme** [VNP ~~Theme~~ VN<Theme>] (-を）する <Theme(VN)>]

(29) の主語は，「する」のとる項ではなく，VN が意味役割を与える項であ
り，項の上昇によって文の主語となることを示す証拠は，第 3 節で挙げた 4
つのテストを適用することで得られる。
　まず，VN の移動によって，適正束縛条件の効果が見られるかどうかを確

認する。(32) で示されているように，VN「噴火」は主語よりも構造的に高い位置に現れることができない。

(32) a. ?* 噴火を火山がした。　　　　　（かき混ぜ）
　　 b. * 噴火は火山がした。　　　　　　（題目化）
　　 c. *［火山がした］噴火　　　　　　（関係節化）
　　 d. *［火山がしたの］は噴火だ。　　　（擬似分裂）

これに対して，「勉強をする」のような動作主主語をとる場合には，VN を主語よりも高い位置に移動させても問題ない。

(33) a. 　勉強を子供がした。　　　　　　（かき混ぜ）
　　 b. 　勉強は子供がした。　　　　　　（題目化）
　　 c. 　［子供がした］勉強　　　　　　（関係節化）
　　 d. 　［子供がしたの］は勉強だ。　　　（擬似分裂）

(32) の事実は，(29a) の主語「火山」が VN からの項上昇によって派生され，「する」が主語を選択していないことを示している。

　次に，項の重複の可能性について見ると，(29a) の「噴火」の軽動詞構文においては，(34a) で示されているように，主題の意味役割をもつ主語とは別に主題項を VN 内に生成させることができない。これに対して，動作主主語構文の場合には，代理の文脈では (34b) のように項を重複させることが可能である。

(34) a. * 阿蘇山が（代わりに）［桜島の噴火］をした。
　　 b. 　親が（代理で）子供の作業をした。

非動作主主語をとる (34a) の噴火の例は，代理の文脈でも異なる位置に項を重複させて表出することはできない[11]。(34a) の事実は (29a) の「火山」が

---

11 「阿蘇山が桜島のような噴火をした」のような文では，「桜島」が同じ噴火の対象とな

VN「噴火」に由来する項であることを示唆している。

3つ目に，特定性条件の効果について見ると，非動作主主語構文の「噴火をする」のVNには特定性条件の効果が観察されるのに対して，動作主主語構文の「作業をする」については，特定性条件の効果が観察されない。

(35) a.　子供が昨日の作業をした。
　　　b.　*火山が昨日の噴火をした。
　　　c.　昨日火山が突然の噴火をした。

(35b)の「噴火をする」の場合には，VN「噴火」には「昨日の」のような特定の時間を指定する表現を付け加えることができないが，動作主主語構文の「作業をする」では，「昨日の」の付加が可能である。(35c)に示されているように，「突然の」のような指示を特定しない表現であれば，VN「噴火」に付加することができる。(35)の事実も「噴火をする」の主語がVNから項の上昇によって派生されていることを示唆している。

最後に，項省略について見ると，(36)が示すように，非動作主主語構文の「噴火をする」では項省略ができないが，動作主主語構文の「作業をする」では項省略が可能である。

(36) a. ?*昨年は桜島が噴火をしたが，今年は浅間山がした。
　　　b.　昨日は裕太が作業をしたが，今日は政男がした。

(36)の事実も，「噴火」の主語が「する」の項ではなく，「噴火」から意味役割を受けることによって意味的に認可されていることを示唆している[12]。(36a)の「桜島」や「浅間山」はVN「噴火」から意味役割がVN内で与えられ，その後，項上昇による抜き出しが起こって主語となっているのである。

---

らないので容認される。

12　(36a)の「桜島」や「浅間山」は，動作主ではないが，動作主的に解釈する話者がいる。そのような話者にとっては，(36a)の容認性は比較的高くなる。

軽動詞構文における意味役割付与のメカニズム ｜ 115

　非動作主主語構文は，VN を常にヲ格で標示できるわけではない。むしろ，VN に対して対格標示ができない「（水が）蒸発する」のような例の方が多い。「蒸発する」の場合は，（37a）のように VN をヲ格で標示できない。

（37）a.　この液体は {?*蒸発を<u>し</u>ない／蒸発しない}。
　　　 b.　この液体は常温で蒸発<u>は</u>（まったく）しない。
　　　 c.　この液体は蒸発も膨張もしない。

「蒸発」は，通常，（37a）のように「する」に編入されて「蒸発する」という複合形式として現れる。しかし，VN と「する」は，統語的に一語として現れなければならないというわけではない。（37b）のように「蒸発」と「する」の間に副詞を挿入することが可能である。さらに，（37c）のように助詞を使って等位接続もできる。このように，助詞が「蒸発」と「する」の間に介在すれば「蒸発」が「する」に編入されていない形式も可能である。
　「蒸発する」の軽動詞構文でも「する」は「VN の表す出来事が起こる（The event of VN takes place）」という意味を表すので，（30）の項構造をもっていると考えることができる。主語は VN からの項上昇により派生されていると考えられる。このことを示す証拠も，上で議論した 4 つのテストから得られる。まず，VN が題目化された（38）は，VN の「蒸発」が主語よりも上位の位置に移動すると，適正束縛条件の効果が現れ，容認性が下がることを示している[13]。

（38）a.　*蒸発はあの液体がほとんどしなかった。
　　　 b.　あの液体が蒸発はほとんどしなかった。

（38）の文法性の対比は，「蒸発」が主語よりも上位に位置するかどうかの違いに起因している。したがって，（38）の事実は，「蒸発する」の主語（主題

---

13　関係節化や擬似分裂文でも，（i）で示されているように，同様の適正束縛条件の効果が見られる。
　（i）a. *[あの液体がしなかった] 蒸発　　　　　　　　　　　（関係節化）
　　　 b. *[あの液体がしなかったの] は蒸発だ。　　　　　　　（擬似分裂）

項) が VN からの項上昇の結果として生起していることを示唆している。

　特定性条件の効果および項の重複を見ることでも，「蒸発する」の主語が項上昇によって派生されていることを確認することができる。「蒸発する」の軽動詞構文では特定性条件の効果が (39) のように観察される[14]。

(39) a. ＊昨日は水がその蒸発はしなかった。
　　 b. 　昨日は水が急激な蒸発はしなかった。

項の重複の可能性についても同じで，「蒸発する」の場合，(40) のような項の重複は容認されない。

(40) a. ＊水が［アルコールの蒸発］もした。
　　 b. ＊空気が［風船の膨張］もした。

(39) と (40) の事実も，「噴火をする」と同様に「蒸発する」の非動作主主語は VN「蒸発」の中で意味役割を与えられ，上昇して文中の主語になっていることを示唆している。

　項の省略についても同じようにテストできる。まず，(41a) の第 2 文は，第 1 文を先行文脈とした場合，「する」を残したまま主語と VN「蒸発」の省略が可能であることを示している。しかし，主語を残したまま VN の「蒸発」が省略されると，(41b) のように容認されない。

(41) a. 　こちらの容器では液体が蒸発したが，向こうの容器ではしなかっ

---

14　VN が助詞を伴っている場合には，(i) に示されているように，VN へ名詞修飾語を付加することが可能である。
　(i) a. この液体は常温で｛急激な／突然の｝蒸発はしない。
　　　b. この風船は急激な膨張はしなかった。
これに対して，VN が助詞を伴っていない場合には，VN に対する名詞修飾語を付加することができない。
　(ii) ＊この液体は常温で急激な蒸発しない。
(ii) が容認されないのは，「蒸発しない」が名詞編入により複雑述語を形成しているからである。

た。

b. ＊こちらの容器では水が蒸発したが，向こうの容器ではアルコール
　　がした。

（41）の事実が示していることは，「蒸発する」の主語を残したまま，VN の
省略ができないということで，この事実は，「蒸発する」の主語が VN に由
来していることを示唆している。

　以上から，非動作主主語をとる「蒸発する」の軽動詞構文においても
（42）で示されているように，主語は VN からの項上昇により派生されてい
ると結論できる。

（42）　[ **Theme** [$_{VNP}$ ~~Theme VN$_{<Theme>}$~~] (-を) する $_{<Theme(VN)>}$]

「蒸発する」の軽動詞構文は，「噴火をする」の軽動詞構文とは異なり，VN
が対格標示をもてないが，非動作主主語をとる。つまり，「蒸発する」の軽
動詞構文の主語（主題項）は，VN から意味役割を受けた後に，項上昇によ
り主語位置に現れるのである。非動作主主語をとる軽動詞構文の「する」は
「VN の表す出来事が起こる（The event of **VN** takes place）」という意味を表
し，この場合，「する」の項構造には VN に与える意味役割（<Theme(VN)>）
だけがある。したがって，非動作主主語構文では，主語が VN 内から供給さ
れなければならないのである。

## 5.　「始める／始まる」構文

　軽動詞構文に現れる「する」は「始める／始まる」のような動詞と置き換
えてもほぼ同じ意味を表すことができる。これは，「始める」が，「する」＋
開始のアスペクトの意味を表すと考えられるからである（Matsumoto 1996）。
「始める／始まる」には「する」に課せられている格の制約がないので，「蒸
発する」タイプの軽動詞構文の派生についてより明確に検証することができ
る。本節では，「（水が）蒸発する」のように VN に対格標示が出ない軽動詞
構文に対応する「始める／始まる」構文および「勉強する」の軽動詞構文に

118 | 岸本秀樹

対応する「始める／始まる」構文を比較し，「蒸発する」の主語「水」が
VN「蒸発」の内部で意味役割を与えられ，項上昇の結果，文の主語として
機能することを示す。

　まず，「始める」は VN を目的語にとる場合「X が VN の行為を開始する」
という意味を表す。「始める」が動作主を選択することは，VN ではない目
的語をとる (43) のような他動詞構文から確認できる。

(43) a.　{おばさん／*隣のビル} が雑貨のお店を始めた。
　　 b.　突然 {学生／*液体} が不思議なことを始めた。

(43) から，「始める」は「X が VN の行為を開始する」という意味があるた
めに，<Agent, Theme> の項構造をもち，動作主主語を選択すると考えるこ
とができる。

　VN が目的語となる「始める」の軽動詞構文については，VN の性質に
よって動作主主語も非動作主主語もとることができる。

(44) a.　液体が蒸発を始めた。
　　 b.　学生が作業を始めた。

(44) の「始める」は，他動詞である。「始める」は，(44a) からわかるよう
に，「する」の軽動詞構文では対格標示できなかった VN「蒸発」に対して
対格標示を与えることができる[15]。さらに，他動詞の「始める」については
対応する自動詞「始まる」があり，(45) のような文を作ることもできる。

(45) a.　[液体の蒸発] が始まった。
　　 b.　[学生の作業] が始まった。

自動詞「始まる」は，動作主が現れず，主題が主語となる構文を作る。その

───────────
15 「する」とは異なり，「始める」がとる VN には対格標示が必要となる。対格が現れな
い場合は容認されない（「*水が蒸発始めた」）。ただし，口語的な文脈では，容認される可
能性があるが，この場合は，対格の脱落が起こっていると見ることができる。

ため，自動詞「始まる」は <Theme> の項構造をもつと考えられる。

　「始める」と「する」は，基本的に同じ項構造をもつと考えられるが，この2つの動詞のとる項の性質が完全に一致するわけではない。例えば，「する」は経験者の主語をとることができるが，「始める」は経験者の主語をとることができない。

(46) a.　先生は胃の手術をした。
　　 b.　先生は胃の手術を始めた。

(46a) の「手術をする」の場合，主語は「動作主」と「経験者」の解釈が可能である。これに対して，(46b) の「手術を始める」の主語は「動作主」の解釈しかない。また，「する」とは異なり「始める」は時間幅がある出来事を表さなければならないという制約もある。

(47) a.　彼は3年前に結婚した。
　　 b.　*彼は3年前に結婚を始めた。

(47a) は，「結婚」という一度の出来事に言及できるが，(47b) では，連続した出来事が起こった解釈しか許されないため，意味的に逸脱する。

　上の議論から，動作主主語をとる軽動詞構文に現れる「始める」は，<Agent, Theme(VN)> のような項構造をもつと考えられる。この項構造には，動作主の指定があるので，(44b) は (48) で示されている構造をもつことになる。

(48)　　[**Agent** [$_\text{VNP}$ VN ]-を 始める $_\text{<Agent, Theme(VN)>}$]

(48) では，「始める」が VN に主題の意味役割を与え，主語に対して動作主の意味役割を与える。(48) で示されているように，(44b) の主語は，「始める」が選択する項である。したがって，(44b) では，項上昇によって派生された項は存在しない。

　(44b) とは異なり，(44a) の「始める」構文の主語は主題の意味役割を

もっている。この場合,「始める」には動作主が抑制された項構造
<Theme(VN)>があると考えられる。(44a)では,VNが主語となる項に主題
の意味役割をVNの内部で与え,その項が項上昇の操作によって節の項とし
て現れると考えられる。

(49)　[**Theme** [$_{VNP}$ ~~Theme~~ VN$_{<Theme>}$]-を 始める $_{<Theme(VN)>}$]

(49)の分析で重要な点は,動作主を選択する動詞「始める」が,項構造に
ある動作主の意味役割を抑制することである。このような意味役割の抑制現
象は,軽動詞構文に限られるわけではなく,(50)のような例においても観
察される。

(50)a.　納豆が糸を引く。
　　b.　雑草がここに根を {張って／下ろして} いる。
　　c.　住宅が炎を上げて(燃えて)いる。

(50)の文に現れている動詞は,通常,主語に動作主を選択する。しかし,
(50)では動作主とは考えられない主語が現れている。このことから,(50)
の主語は,動詞が選択するものでなく,(51)で例示されているように,目
的語から項上昇によって派生されたものであることがわかる(岸本・影山
2011)。

(51)　納豆が $_i$ [ $t_i$ 糸] を引く

(50)のような例で主語が項上昇によって派生されたことを示す証拠は,直
接受身文を作ることができないという事実から得られる。

(52)a.　*糸が納豆に引かれた。
　　b.　*根が雑草によって {張られた／下ろされた}。
　　c.　*炎が住宅に上げられている。

軽動詞構文における意味役割付与のメカニズム | 121

（52）が容認されないのは，受身の移動によって目的語が主語よりも構造的
に高い位置に現れ，適正束縛条件の違反を引き起こしているためである[16]。
　本稿の分析では，動作主主語をとる（44b）とは異なり，非動作主主語を
とる（44a）は，項の上昇が関与する。そうすると，これまで見てきたテスト
に関して（44a）は「する」の軽動詞構文と同じ振る舞いを示すことが予測さ
れる。実際に，この予測は正しい。まず，「蒸発を始める」の文では，（53）
のようにVNの移動の操作ができない。

（53）a. *蒸発を液体が始めた。　　　（かき混ぜ）
　　　b. *蒸発は液体が始めた。　　　（題目化）
　　　c. *［液体が始めた］蒸発　　　（関係節化）
　　　d. *［液体が始めたのは］蒸発だ。（擬似分裂）

これに対して，動作主主語をとる「作業を始める」の場合には，（54）で示
されているようにVNの移動が可能である。

（54）a. 　作業を学生が始めた。　　　（かき混ぜ）
　　　b. 　作業は学生が始めた。　　　（題目化）
　　　c. 　［学生が始めた］作業　　　（関係節化）
　　　d. 　［学生が始めたのは］作業だ。（擬似分裂）

（53）と（54）の対比から，「作業」とは異なり，「蒸発」は移動操作に関して
適正束縛条件の効果を示すことがわかる。
　項の重複に関しても，（55）で示されているように「作業を始める」と

16　紙幅の都合上，（50）の例についてはこれ以上議論しないが，目的語に指示を特定する
名詞修飾語がついた（i）の例は容認されない。
　（i）a. *納豆がその糸を引いている。
　　　b. *住宅がその炎を上げて（燃えて）いる。
（i）のような例では，特定性条件の効果が見られるので（50）においても項上昇が起こって
いることがわかる。ちなみに，（ii）のように形容詞の修飾は許容される。
　（ii）a. 　納豆が長い糸を引いている。
　　　b. 　住宅が激しい炎を上げて（燃えて）いる。

「蒸発を始める」は異なる振る舞いをする。

(55) a.　健太が（代理で）［花子の作業］を始めた。
　　　b. * 水が（代わりに）［アルコールの蒸発］を始めた。

さらに，特定性条件の効果についても，(56) で示されているように「作業」と「蒸発」で違いが観察される。

(56) a.　あの子供がその作業を始めた。
　　　b. ?*アルコールがその蒸発を始めた。

(56) は，VN「蒸発」が指示を特定する名詞修飾語の修飾を許さないことを示している。これに対して，指示が特定されない名詞修飾語は，特定性条件の違反にならないので，どちらの場合も (57) のように文法的になる。

(57) a.　子供が急ぎの仕事を始めた。
　　　b.　アルコールが急激な蒸発を始めた。

自動詞「始まる」の文においても VN が現れることができるが，この場合，VN が選択する項は VN 内に留まる。

(58) a.　［(その) 子供の作業］が始まった。
　　　b.　［(その) 液体の蒸発］が始まった。

(58) の 2 つの例では，「その」のような指示を特定する表現を付加することが可能である。これらの例では，「子供」と「液体」が名詞句の中から抜き出されていないため，特定性条件の効果は観察されないのである。
　ちなみに，「始まる」という対応する自動詞形がある「始める」とは異なり，「する」の場合は，(59) のような文の派生はできない。

(59) a. *［子供の作業］がした。

b. ＊［液体の蒸発］がした。

もちろん，「する」と同様に，他動詞の「始まる」では（60）の非文法性が
示すように自動詞構文を派生する可能性はない。

　（60）a. ＊［学生の作業］が始めた。
　　　b. ＊［火山の噴火］が始めた。
　　　c. ＊［水の蒸発］が始めた。

（59）の事実は，VN と結合する「する」が 2 項をもつ他動詞としての用法
しかないことを示唆している。つまり，「する」の軽動詞構文では，「する」
が自動詞とはならないので，（59）の構文は形成できないのである。
　項省略についても（61）のように，「作業」と「蒸発」で文法性の対比が
観察される。

　（61）a.　昨日は健太が作業を始めたが，今日は真理が始めた。
　　　b. ＊昨日はアルコールが蒸発を始めたが，今日は水が始めた。

これらの事実は，「作業を始める」の主語は「始める」によって意味役割が
与えられるが，「蒸発を始める」の主語は VN によって意味役割が与えられ，
項上昇により，主語が派生されることを示唆している。
　「蒸発」のような非対格タイプの VN が「する」と組み合わされる軽動詞
構文では，VN を対格で標示できず，「する」に VN を編入させる（「蒸発す
る」）か，助詞を付加する（例えば「蒸発はする」のようにする）ことによっ
て対格の標示を抑制しなければならない。この制約については，いわゆるブ
ルジオの一般化（Burzio's Generalization）（Burzio 1986）をもとに，動作主を
とらない「する」が対格を与えることができないため，「＊蒸発をする」の
ように対格の標示ができないとする分析がある（Miyagawa 1989, Tsujimura
1990 など）。しかし，単に「する」が対格を与えることができないためであ
ると，「＊水の蒸発がした」のような構文ができてもよさそうであるが，実
際にはそのような構文は可能でない。そうすると，非対格タイプの軽動詞構

文の格の制約は，ブルジオの一般化とは独立のものであると考えることができる[17]。

　まとめると，「水が蒸発を始める」の主語は「始める」が選択をする項ではなく，VN「蒸発」内で意味役割を受け，項上昇によって節中に現れた項である。「始める」の場合も動詞が選択する主語は動作主でなければならない。したがって，主語が動作主以外の意味役割をもつ場合には，主語は VN によって意味役割が与えられ，項上昇の操作によって節の項として現れるのである。

## 6.　おわりに

　本稿では，VN+スルの形式をもつ軽動詞構文の項の具現化のパターンに関して，主語が動作主をとるか非動作主をとるかで 2 通りの派生の可能性があることを論じた。動作主をとる軽動詞構文では「する」と VN が組み合わされると，「X が VN の表す行為を（Y に対して）行う」という意味を表し，「する」は <Agent, (Goal), Theme(VN)> の項構造をもつ。非動作主主語をとる軽動詞構文は，「VN の表す出来事が起こる」という意味を表し，「する」は <Theme(VN)> の項構造をもつ。軽動詞構文では，「する」によって選択される項には，「する」が節の中で意味役割を与える。これに対して，「する」が選択しない項は，VN の中で VN から意味役割が与えられ，項上昇によって節の中に現れる。非動作主構文の主語は，「する」が意味役割を与える項ではなく，VN によって意味役割が与えられる項で，VN から供給されるのである。本稿では，この分析を支持する経験的な事実のいくつかを検討した。さらに，まったく同様の現象が「始める」の軽動詞構文でも観察されることも見た。

---

17　軽動詞構文で「する」を自動詞として用いることができないのは，「する」の表す意味と関係すると思われる。「する」は本来，一般的な「動作」の意味を表し，「する」がとる項は，さまざまなパターンで現れる。しかし，「する」を自動詞として使用する場合には，かなりの制約があり，「予感がする／音がする」「耳鳴りがする」のような知覚を表すか，「雨漏りがする」「稲光がする」のような「外的な原因」が知覚されない自然現象を表す場合に限られる。そのような制限があるために，非対格タイプの軽動詞構文でも「する」は他動詞としてしか使用されず，その結果，自動詞構文は派生できないと考えられる。

付記：本稿の内容の一部は，日本英語学会第 36 回大会ワークショップ「形態論から見た統語論・意味論：軽動詞構文，程度表現，オノマトペ」(2018 年 11 月，横浜国立大学) および香港中文大学の言語学コロキアム (2016 年 10 月) において発表した。内容に関して貴重なコメントをいただいた以下の諸氏に謝意を表したい：杉岡洋子，松岡幹就，小野尚之，西山國雄，福島和彦，宮本陽一，林晋太郎，田川拓海，瀧田健介，漆原朗子，澤田治，山下秀哲，芝垣亮介，Thomas Hun-tak Lee, Ho Chi Ming, Pan Haihua, Laurence Cheung, Richard Gananathan。本稿の研究は，JSPS 科研費 (課題番号 JP16K02628) の助成を受けている。

## 参照文献

Baker, Mark (1988) *Incorporation: A theory of grammatical function changing.* Chicago: University of Chicago Press.

Burzio, Luigi (1986) *Italian syntax: A government-binding approach.* Dordrecht: Reidel.

Fiengo, Robert (1977) On trace theory. *Linguistic Inquiry* 8: 35–61.

Fiengo, Robert and James Higginbotham (1981) Opacity in NP. *Linguistic Analysis* 7: 347–373.

Grimshaw, Jane and Armin Mester (1988) Light verbs and $\theta$-marking. *Linguistic Inquiry* 19: 205–232.

Hasegawa, Nobuko (1991) On head movement in Japanese: The case of verbal nouns. *Proceedings of SLS* 6: 8–33.

Jespersen, Otto (1966) *A modern English grammar on historical principles.* London: George Allen and Unwin.

Kageyama, Taro (1991) Light verb constructions and the syntax-morphology interface. In: Heizo Nakajima (ed.) *Current English linguistics in Japan*, 169–203. Berlin: Mouton de Gruyter.

影山太郎 (1993) 『文法と語形成』東京：ひつじ書房.

Kageyama, Taro (1999) Word formation. In: Natsuko Tsujimura (ed.) *The handbook of Japanese linguistics*, 297–325. Malden, MA: Blackwell.

Kishimoto, Hideki (2001) Binding of indeterminate pronouns and clause structure in Japanese. *Linguistic Inquiry* 31: 597–633.

岸本秀樹・影山太郎 (2011)「構文交替と項の具現化」影山太郎 (編)『日英対照　名詞の意味と構文』270–304.　東京：大修館書店.

Kuno, Susumu (1973) *The structure of the Japanese language.* Cambridge, MA: MIT Press.

Matsumoto, Yo (1996) *Complex predicates in Japanese: A syntactic and semantic study of the notion 'word'.* Stanford, CA: CSLI Publications/Tokyo: Kurosio Publishers.

Miyagawa, Shigeru (1989) Light verbs and the ergative hypothesis. *Linguistic Inquiry* 20: 659–668.

Miyamoto, Tadao (1999) *The light verb construction in Japanese: The role of the verbal noun.* Amsterdam: John Benjamins.

Miyamoto, Tadao and Hideki Kishimoto (2016) Light verb constructions with verbal nouns. In: Taro Kageyama and Hideki Kishimoto (eds.) *Handbook of Japanese lexicon and word formation*, 425–458. Berlin: De Gruyter Mouton.

Saito, Mamoru (1985) *Some symmetries in Japanese and their theoretical implications.* Unpublished doctoral dissertation, MIT.

Saito, Mamoru and Hiroto Hoshi (2000) The Japanese light verb construction and the minimalist programs. In: Roger Martin, David Michael, and Juan Uriagereka (eds.) *Step by step: Essays on minimalist syntax in honor of Howard Lasnik*, 261–295. Cambridge, MA: MIT Press.

Terada, Michiko (1990) *Incorporation and argument structure in Japanese*. Unpublished doctoral dissertation, University of Massachusetts, Amherst.

Tsujimura, Natsuko (1990) Ergativity of nouns and case assignment. *Linguistic Inquiry* 21: 277–287.

Uchida, Yoshiko and Mineharu Nakayama (1993) Japanese verbal noun constructions. *Linguistics* 31: 623–666.

# 第 6 章

# 語形成への認知言語学的アプローチ

under-V の成立しづらさと under-V-ed の成立しやすさ

### 野中大輔・萩澤大輝

**要旨**

　前半の議論では over-V/under-V の比較を通し，両者はスケールがどのように関わるか（結果状態か行為の産物か）に応じて少なくとも二種類に分けられることを論じる。このうち，結果状態にスケールが関わる under-V は成立しづらいことを指摘し，その要因として未達成の行為は動詞としてコード化されにくいこと，解釈に関わる心的走査の方向が複雑になることを挙げる。後半では，under-V-ed が一定の生産性を持つ構文となっていること，その内部構造は未指定と考えられること，この構文の成立には相応の動機づけが存在していることを論じる。最後に，語形成研究における文脈の重要性を指摘する。

**キーワード：** 接頭辞 under-，認知言語学，構文形態論，使用基盤モデル，スケール，形容詞的受身，創造的表現，語形成と文脈

## 1. はじめに

　本稿は英語の語形成にまつわる諸問題（成立の動機づけ，生産性，使用文脈）を認知言語学の観点から考察するものである。取り上げる現象は接頭辞 under- が関わる語形成である。まず，反義関係にある over- との比較をしながら，under- の問題を整理する。

　英語の動詞接頭辞 over-/under- には，主に二つの用法がある（Bauer et al.

2013）。一つは over-/under- が基体動詞によって表される事態の場所や位置を指定する空間用法（e.g. overlie/underlie），もう一つは over-/under- が事態の過剰性・過少性を表す程度用法である（e.g. overestimate/underestimate）。本稿が分析するのは後者の程度用法である。

　程度用法の over-/under- は，一見すると意味が反対であるだけでどちらも同じ動詞に付加できるように思える。しかし，実際には (1) のように over-V/under-V のどちらもが成立する場合だけでなく，(2) のように over-V は成立しても under-V が成立しづらい場合がある（これ以降，出典を明記していない例文は筆者の作例である）。

(1)　　She {overestimated/underestimated} his ability.

(2)　　He {overheated/*/?underheated} the room.

(2) の */? という表示は，例文を容認不可（*）と判断した話者と，容認不可ではないが不自然（?）と判断した話者がいることを表す。容認度には個人差があるが，いずれにせよ overheat より underheat の方が容認されづらい。

　本稿の内容は以下の通りである。まず前半では (2) のような例で under-V が成立しづらい要因をスケール性の観点から分析し，underheat のように結果状態にスケールが含まれる場合，under-V は成立しづらいことを述べる。これを踏まえると undercook などの語も成立しづらいことが予想されるが，実際には undercooked のような形は自然に成立する。本稿の後半ではこのような under-V-ed に着目し，これ自体が一定の生産性をもつ単位になっていると論じる。最後に，語形成研究で文脈を考慮することの意義を述べる。

## 2.　認知言語学の紹介

　まず，本稿が依拠する枠組みである認知言語学（Langacker 2008 ほか）について説明しておきたい。(a) 動機づけ，(b) 構文とその生産性，(c) 使用基盤モデル，(d) 臨時的・創造的な言語使用，に分けて紹介する。

　(a) 認知言語学では，ある表現が成立するのはなぜかという動機づけの考察を重視する。例えば A scar extends from his ankle to his knee. (Langacker 2005:

168）という表現を考えよう[1]。この表現は傷跡の形状を描写したものだが，実際に傷跡が足首から膝へと範囲を広げていったわけではないのに extend という動詞や from his ankle to his knee という起点・着点の表現が用いられている。不思議に思えるかもしれないが，認知主体が傷跡の形を把握する際の心的な経路を反映しているとすれば，このような表現が用いられるのも自然なことであると言える。このように，ある概念を把握する上で認知主体が形状や変化を視覚的・心的にたどることを心的走査（mental scanning）という（Langacker 2005）。傷跡の静的状態を表現するのに extend や起点・着点の語句を使えるという事実は個々の表現の意味から予測できないかもしれないが，だからといって恣意的であるわけではなく，心的走査といった認知プロセスに動機づけられていると考えられる。

　（b）次に構文について見る。形式と意味の慣習的な結びつきを「構文」と呼び，認知言語学の中でも特に構文を言語の基本単位とする立場を構文文法と呼ぶ。例として，Goldberg（1995: 152）の挙げる Frank sneezed the tissue off the table. を考えよう。sneeze は典型的には自動詞として用いられるので，移動物の目的語や経路の前置詞句を伴うのは不思議に思える。この例が（典型的な用法から外れているものの）時として容認されうることを説明するには，[NP$_1$ V NP$_2$ PP] という形式と「対象を移動させる」という意味が結びついており，この型に生産性が認められる（V に移動の意味を含意しない動詞 sneeze を用いることさえできる）と考える必要がある。

　構文文法では句や節のみならず語のレベルまで含めて形式と意味のペアを広く構文と見なす。構文文法に基づく形態論は構文形態論（Construction Morphology）と呼ばれる（Booij 2010, 2015）。この考えのもとでは，レキシコンの知識は具体的な語と様々な抽象度からなる構文から構成されているということになり，新語形成にも構文が使用される。

　（c）こうした構文はどのように習得され，母語話者の頭の中に蓄えられているのだろうか。人間は様々な言語的インプットを受けながら，そこに共通性（スキーマ）を見いだして分類する。その結果として，言語知識が立ち上

---

[1] Langacker（2005: 168）は同じ傷跡を A scar extends from his knee to his ankle. とも表現できると指摘する。これは捉え方（construal）に応じて，同一の対象でも異なる表現が可能ということを示している。認知言語学は捉え方を意味の重要な側面と見なしている。

がると考えられる（構文はスキーマの一種である）。すると言語知識の内実は，定着した具体事例とスキーマの集積と言える。このボトムアップ的な言語観を使用基盤モデル（usage-based model）と呼ぶ。例えば，happiness やkindness などの語に触れることで英語話者は個別の語を習得するとともにA-ness という形式と「A である状態・性質」のような意味が結びついた語レベルの構文も習得すると考えるのである。なお，構文の構成要素が全体の意味にどのように貢献するかは，個々の事例で異なるという点にも注意されたい。happiness は happy である状態を指す一方，sickness は sick である状態だけでなく特定の病気を指すのにも用いられることからもわかるように，一口に A-ness 構文と言っても，様々な下位構文が含まれる。同様に，over-V/under-V についても下位構文が想定できるはずである。

　言語知識を実際の言語使用に根差したものとして考えると，ある表現の頻度やコロケーション，使用されやすい文脈などの具体的な使用にまつわる情報も言語知識の一部をなすという帰結が得られる。例えば，Jones (2002) は反義語が A or B などの対比的な文脈で用いられやすいと報告している。使用基盤モデルからすれば，語の反義関係のみならず，このような使用されやすい文脈もあわせて言語知識の一部として蓄えていると考えられる。

　(d) 最後に，認知言語学で臨時的・創造的な言語使用がどのように説明されるのかを確認する。先ほど sneeze が使役移動構文で用いられる例を見たが，どんな動詞でもこの構文で用いられるわけではない。Boas (2003) はsneeze の例が臨時的に使用されうるのは，より慣習的な blow を用いた使役移動構文との類似性が高いからだと考えている（どちらも一定程度の息の放出が関わる）。一方，breathe を用いた ?Kirsten breathed the napkin off the table. (Boas 2003: 272) は不自然である。breathe から何かを移動させるほどの息の強さを読み取ることが難しいためである。しかし，Kirsten came back from a 5k run and was out of breath. Breathing heavily, she sat down and breathed the napkin off the table. (ibid.: 273) であれば，走った後に激しく息をしているという文脈によって息の強さが十分に読み込まれるため，聞き手も受け入れやすくなる。また，As a result of breathing, the napkin flew off the table. のような表現を使うより使役移動構文の方が簡潔な表現が可能であり，非慣習的であってもそのような表現を選ぶ話し手の意図も理解できる。ただし，文

脈があるからといってどんな動詞でも使役移動構文に現れるわけではない。例えば exhale/inhale は breathe に似ているように思えるが，あくまで呼吸サイクルの一面を意味する語であり，息の強さに着目するのは不自然なため，文脈の支えがあってもこの種の使役移動構文では用いられないと考えられる（ibid.: 275–277）。認知言語学（特に使用基盤モデルの研究）では，慣習から外れた臨時的な言語使用についても分析してきたが，それは実際の言語使用を重視して，どのような表現がどのような文脈で選ばれるのかを観察する姿勢と，そのような創造的な使用を可能にする側面も含めて言語知識だと考える言語観を示している。

　次節からは，このような認知言語学の考えに基づき，under- が関わる語形成の問題を扱っていく。

## 3.　先行研究

　over-V の研究は多数行われている一方で，under-V に関する研究はほとんど行われてこなかった[2]。本節では over-V の先行研究を概観した上で，under-V を考察する手がかりを得ることにしたい。

　動詞接頭辞 over- の研究は大きく二つに分けられる。一つ目として，前置詞 over の多義を分析する過程で接頭辞の用法にも触れているもの（e.g. Lakoff 1987, Tyler and Evans 2003）がある。例えば，Tyler and Evans（2003: 97–101）は Jerome found over forty kinds of shells on the beach. のような「（数値が）より多い」を表す over と overeat のような行為の過剰性を表す over- との関連を論じている。これらの研究では言及がないが，前置詞 over と接頭辞 over- を比べる際は慎重さが必要である。前置詞用法も接頭辞用法も「基準の超過」という部分が共通していると考えられる反面，その基準は，前置詞 over の場合，前置詞補部（e.g. over forty kinds of shells）で表現されるのに対し，over-V では言語表現として現れない[3]。したがって，前置詞 over

---

2　under-V に関しては，空間用法・程度用法ともに先行研究に乏しい。数少ない例外として under-V の空間用法を取り上げた堀内・野中（2016）がある。

3　なお，Jerome found over forty kinds of shells on the beach. などの例では，over が実質的に more than と同じように振る舞っており，前置詞句を構成しているとは言い難い（over forty kinds of shells という句は find の目的語になっている）。その点でも「より多い」を表す

の用法の一種として接頭辞 over- の振る舞いを扱うだけでは満足な分析は得られないと言える（前置詞 over の延長に接頭辞 over- を置くことの問題については Iwata 2004 も参照のこと）。事情は under の場合も同様で，「より少ない」を表す前置詞 under の一種として接頭辞 under- を分析するだけでは不十分である。

　もう一つの研究の流れとして，主に基体動詞との比較を通して over-V の項構造を扱ったものがある（e.g. 影山・由本 1997, Yumoto 1997, Iwata 2004）。特に関心を集めたのは over- を付加することで項構造が変化する例である。例えば sleep に over- を付加し oversleep とすると目的語を取ることができるようになる（e.g. I {*slept/overslept} my appointment.）。

　しかし overheat や overestimate の場合，over- の付加によって項構造が変化しない。そのため，これらは同じタイプの動詞として扱われ，両者の違いは詳しく論じられてこなかった。その例として（3）がある。動詞 heat は over- を付加しても同じ種類の目的語（the room）を取っている。

(3)　　John {heated/overheated} the room.　　　　　　　　　　（Iwata 2004: 260）

Iwata（2004）は heat/overheat についてスケールの観点から分析し，heat は温度のスケール上の位置が最初より高くなることを表し，overheat は温度がスケール上の一定の基準値を超えることを表すとしている。Iwata は estimate/overestimate のペアも項構造に変化がないため heat/overheat と同じタイプの動詞として扱っており，それ以上の詳細な分類は行っていない。

　overheat を「温度が一定の基準を上回っている」，overestimate を「評価が一定の基準を上回っている」と考えれば，たしかに両者は似ている。しかし（1）と（2）からわかるように，想定される反義語を比べると「評価が一定の基準を下回っている」ことを表す underestimate は問題ないのに，「温度が一定の基準を下回っている」という意味の underheat は成立しづらい。したがって，項構造の変化とは別の基準で（1）と（2）を区別する必要がある。（1）と（2）にはどのような違いがあり，なぜ（2）の underheat のように許容

over は特異であるように思われる。

されない場合があるのだろうか。次節では(1)と(2)では背景にあるスケールの性質が異なり、それがunder-Vの成立に関わっていると主張する。

## 4. スケールの観点からの考察
### 4.1 over-/under- の役割

over-V/under-Vを下位構文に分ける前に、まず接頭辞over-/under-の役割を考えておこう。両者はある行為の程度が過剰ないし過少であることを表すものだが、その判断には基準が必要である。したがって、判断の基準を導入することもover-/under-の意味的貢献の一つと言える。ただし第3節で述べたように、この基準は言語表現上は現れず、常識や文脈によって決まるものである。以下(1)と(2)のような事例ではスケールの関わり方が異なることを論じるが、基準が導入されている点、およびその基準と比べての上下関係が関わっている点は(1)と(2)の場合で共通していると考える。両者に共通するover-V/under-Vの意味スキーマを以下のような図で表すことにする。図中の括弧が基準であり、これを上回ればover-V、下回ればunder-Vが用いられる。基準からのずれは薄い色の矢印で示されている。

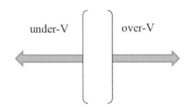

図1　over-V/under-V のスキーマ

### 4.2 under-V が成立しづらいとき

本節ではunder-Vが成立しづらい例を扱う。(2)のunderheatを分析するにあたって、まずは基体動詞heatについて考えることにする。heatのような状態変化動詞は目的語指示物の状態が行為の前後でどのように変化したのかを表現し、結果状態にスケール性が認められる[4]。行為開始時の温度がス

---

[4] heatはRappaport Hovav (2008) でいうmulti-point scaleを持つ状態変化動詞に相当する。

ケール上の初期値に当たる。John heated the room for ten minutes. と言えることからわかるように、必ずしも結果状態の温度に基準値が想定されていなくても、初期値より温度が少しでも上がっていれば heat を用いて描写できる[5]。これを図2で表す。太線の二つの矢印が示すのは対象物（部屋など）の温度を上げた結果、スケール上のどの位置にあるかである。黒い太線は大きく温度を上げた場合、白い矢印は温度をわずかに上げた場合である。

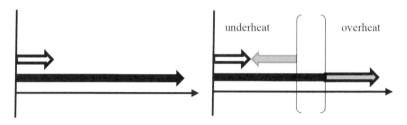

図2　heat のスケール　　図3　overheat/underheat のスケール

では overheat/underheat の場合はどうだろうか。overheat/underheat の背後にあるスケールは図3のように考えることが可能である。これは図2の heat のスケールに図1の over-V/under-V のスキーマを組み合わせたもので、括弧は基準値を表す。図3の黒い太線の矢印は、あたためた結果として温度が基準値を超えてしまった場合を表し、基準値をどれだけ上回っているかの判断を示す薄い矢印と重なっている。これが overheat の表すスケールに当たる。一方、あたためはしたものの、対象物があたたかいと言える基準に到達しないこともある。白い太線の矢印が示すのは、そのように温度の上昇が不十分な場合であり、基準値をどれだけ下回っているかの判断が薄い矢印で示されている。これが underheat の表すスケールに当たる。

それでは、なぜ underheat は成立しづらいのだろうか。その理由として (i) 十分に達成されていない行為は動詞で表現しづらいこと（第4.2.1節）、(ii) スケール上で占める位置を把握する際の心的走査が不自然になること（第

---

heat の背景にある温度自体は両端が開いたスケールだが、heat という行為の結果、温度が下がることはないため（下がるとしたらそれは cool である）、図2・3では表現していない。

[5]　cool など形容詞派生の状態変化動詞は The soup cooled {for/in} an hour. のように for 句とも in 句とも共起可能である（cf. Dowty 1979）。heat も同様の性質を持つ（Iwata 2004）。

4.2.2 節）を挙げることができる。

## 4.2.1 未達成

　まず（i）から考える。基準値が想定されていないならば，結果として上がる温度がわずかでも動作主の行為は達成されたと考えられる。一方，接頭辞under- は基準値の存在を前提とする。その場合，その基準値まで温度を上げることを意図している（あるいはそれが期待されている）ことが想定される。そして，基準値が導入されているのにもかかわらず温度があまりに基準値より低ければ，本来動作主がやろうとした行為は達成されていないと判断されるのが普通である。過剰と過少の違いは，単にスケール上で占める範囲の違いだけでなく，意図された行為が達成されたと認識できるかどうかに関わっていると言える。過剰な行為はあくまで行為自体は達成されたと考えられるが，過少な行為は未達成に近いのである。動詞は典型的に何らかの行為を表すものだとすると，行為が達成されていない事象を動詞として表現することには十分な動機づけがないと言える。そうした状況は一語の動詞でコード化するより do not heat well/enough といった否定文を使う方が自然である。これが under-V が成立しづらい理由の一つと考えられる[6]。

## 4.2.2 心的走査の自然さ

　（ii）は心的走査に関するものである。第 2 節で見た通り，心的走査とは，ある対象を概念化する上で認知主体が形状や変化を心的にたどることをいう。

---

6　以上の議論に対して問題になりうるのが，特定の行為を行っていないことをコード化する動詞の存在である。例えば skip (the class) は（授業に）「出席しない」ことを，ignore (a warning) は（警告を）「聞かない」ことを表す。こうした動詞と underheat との違いは社会通念の有無である（もちろん，underheat などは「十分に」行為をしないことを表すのに対して，skip や ignore は「まったく」行為を行わないことを表すという違いもある）。通常，授業には出席が求められ，警告には耳を傾けることが期待される。こうした社会的要求を（不注意ではなく）あえて行わないことを選ぶ場合，ある種の行為を遂行したと見なすだけの根拠があると言える（西村 1998 の「不作為」の議論を参照）。そして，そのような社会通念とやりたいことが拮抗する場面は自然に想定できる。一方，何かをあたためることについては，例えばホテルが客室を適温まであたためておくという社会通念は認められる一方，あえて十分にあたためないことやその通念に反してまでやりたいことがあるとは想定しづらい。したがって，skip や ignore といった動詞の存在は上記の分析にとって問題とならない。

心的走査は (4) のような表現 (再掲) が成立することの動機づけになっている
と考えられる (以下, 断りのない限り例文中の斜体は筆者によるものである)。

(4)　　A scar extends *from* his ankle *to* his knee.　　（Langacker 2005: 168）

なお, (4) のような表現を用いる場合, 心的走査がなされると言っても, 傷
跡の知覚は一瞬で終わってもよいのであり, 時間軸上で展開するような視線
の動きが伴うとは限らない。

　上例では起点を表す from 句が語順の上でも先に登場することで心的走査
の方向 (足首から膝) が自然に表現されているが, (5) のように to 句の後に
from 句を置くと, 着点を概念化してから起点に向かうという不自然な方向
になり, 理解に困難が伴う。そのため (5) の容認度は下がる。

(5)　　<sup>?</sup>A scar extends *to* his knee *from* his ankle.　　（Langacker 2005: 168）

　これを踏まえて overheat/underheat の例を考察する。heat はスケール上の温
度が上昇するというプロセスを表す。heat という語を使う認知主体はそのス
ケールの上昇を心的にたどると考えられる。overheat/underheat では, 対象物
の温度上昇そのものに加え, あたためた結果としての温度が基準値より上か
下かについても心的にたどることが求められる。overheat の場合, 温度上昇
と基準値からのずれが同じ向き (ともに→の方向) であるために, 心的走査
の方向が自然である。一方 underheat の場合は, 温度上昇と基準値からのず
れが逆方向 (→と←) である。このことも underheat が十分成立しづらいこと
の一因と思われる[7]。以上, underheat が成立しづらい理由を二つ指摘した。

### 4.2.3　類例
overheat/underheat と同じタイプのペアには以下のものがある。

---

7　同種の例は日本語にもある。例えば,「{<sup>?</sup>高さ／深さ} 1 メートルまで身を沈める」(平沢
慎也氏による作例) のうち「高さ」が不自然なのは,「高さ」と「沈める」で逆方向の心的
走査が求められるからだと言える。

(6) He {oversoaked/*/?undersoaked} the cookies in milk.
(7) He {oversimplified/*/??undersimplified} the rule.

(6) はクッキーを牛乳に浸した結果どれだけ水分を吸収したかを描写している。この場合も undersoak の成立しづらい要因として，未達成を一語の動詞で表そうとしていること，心的走査の方向が食い違うことが考えられる。overheat/underheat や oversoak/undersoak は時間軸に沿って状態が変化する事態を表す（例えば，30 分行為を行えば，それに応じた変化をするという事態が一般に成立する）。一方，(7) oversimplify/undersimplify の場合，対象物が必ずしも時間軸に沿って変化する（単純になっていく）わけではないが，すでに見たように心的走査は実際の時間軸上の展開と一致していなくても構わないのであり，この例でも結果状態を把握する際には心的走査がなされると見なすことができる。したがって，undersimplify が成立しづらい要因は underheat, undersoak の場合と変わらないと言える。

### 4.3 under-V が成立するとき

次に，over-V/under-V がともに成立する overestimate/underestimate について検討する。overestimate/underestimate は状態変化動詞ではないため，当然ながらスケールが関わるのは対象の結果状態ではない。(1) She {overestimated/underestimated} his ability. でスケールが関わるのは，「彼女」が「彼」の能力について判断して出した評価 (estimation) の内容についてである。妥当な評価，期待される評価を基準値として設定した上で，その基準値よりも高すぎたり低すぎたりすると overestimate/underestimate が用いられるのである。ここで想定されるスケールは図 4 のようになる。

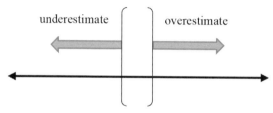

図 4　overestimate/underestimate のスケール

基準値はスケールの中央にあり，スケールの両端が開いていると考えられる。評価が基準値から上回っている場合には overestimate が用いられ，下回っている場合には underestimate が用いられる。

同様の over-V/under-V のペアとして次の例が挙げられる。

(8)　They {overrated/underrated} him as a writer.

(9)　She {overstated/understated} the issue.

(10)　He {overachieved/underachieved} at school.

(8) は作家としての評価が過大か過少かを表し，(9) は発言内容を大げさに伝えているか控えめに伝えているか，(10) は学校の成績が自身の能力や期待よりも上回っているか下回っているかを描写している。これらに共通しているのは，基体動詞を名詞化すると estimation/rate（評価），statement（発言）achievement（成績・業績）のように行為の産物（Grimshaw 1990 で扱われている結果名詞（result nominal））を表す点であり，スケールはこの産物に関わっていると言える[8]。状態変化動詞と違って，こういった場合に under-V が成立することについては，基体動詞そのものというよりもむしろ結果名詞から判断すべきと言えるかもしれない。例えば，achieve 自体は通常よい成績を収めたり成功したりすることを表すため，underachieve は achieve という行為の一種とは言えず，行為の未達成という要因によって一見成立しないように思える。しかし，achievement であれば poor achievement といった表現も可能であることからわかるように悪い成績のことも指しうるため，そのような表現がもとになっていると考えれば underachieve が成立するのも不思議ではないと言える。また，under-V が（over-V も）項構造を基体動詞からそのまま引き継いでいない場合があることも指摘しておきたい。例えば，state は目的語として one's opinion や that 節を取るのが普通であり，(9) のように the issue

---

8　ここでいう産物とは，Bauer et al.（2013: 209–210）が result (the outcome of VERB-ing) に分類している名詞に当たる。Bauer et al. は解釈が result になる派生名詞として，assessment, evaluation, recognition, satisfaction などを挙げている。似た用語に product があるが，それは the thing or stuff that is created or comes into being by VERB-ing (e.g. building, knowledge) を指す用語であり，本稿で扱っている例とは異なる。

という目的語を取ることは over-/under- を付加した場合に可能になる。

　これらを第4.2節の例と比較しておく。underheat や undersoak が成立しづらい要因として，（i）結果状態が基準値に満たないために行為が未達成と見なされること，（ii）スケール上で逆方向に向かう二種の心的走査が関わるという困難さを指摘したが，(8) – (10) の例ではそれが該当しない。つまり，(i') 結果状態という行為の達成度合いではなく，評価，発言，成績という行為の産物がスケール上に位置づけられ，(ii') 心的走査は一方向のみである。

　これまでの議論をまとめる。まず，over-V が成立するのに under-V が成立しない場合があることを指摘した。その上で，underheat のように結果状態にスケールが関わるときには under-V が成立しにくいこと，underestimate のように，評価，発言，成績という行為の産物にスケールが関わるときには under-V が成立しやすいことを見た。

　ただし，これですべての under-V を分類できること，すべての例がこの説明で扱えることを主張するものではない。例えば，名詞化した場合に評価・発言・成績を表す動詞の場合は under-V が成立しやすいといっても，そのような動詞ならどれでも under-V が成立するとは限らない。発言に関するものについて言えば，understate は慣習化した語彙項目であるが，undercomment や undermention が同じぐらい自然に成立するわけではない。一方，underreport（過少申告する）と overreport のペアのように，under-V の方が over-V 以上に慣習化している例もある（underreport の類義語として undercount があり，どちらも不正や犯罪の例でよく用いられる）。成績に関する語では underperform が慣習化している一方，overperform はそれほど慣習的ではない（例えば，*Longman Dictionary of Contemporary English*（LDOCE）第6版には前者のみ記載されている）。また，undercut（価格を下げる，競争者よりも安く売る）といった対応する over-V がない例についてはまた別の扱いが必要と言える。

## 5.　under-V-ed の成立しやすさ

　第4.2節で見たように，結果状態にスケールが関わる under-V は不自然だと判断される場合が多く，実際に使用されるのは一定の文脈に限られる。しかし，実例を観察すると，under-V-ed という形であればそのような制約に従わなくても自然に用いられる例があることがわかる。本節では，under-V が

使用される文脈を確認した上で，なぜ under-V-ed であれば成立しやすいのかを分析する。

## 5.1　under-V が使用される文脈

　結果状態にスケールを含む under-V は基本的に成立しづらいが，限定的ながら以下の文脈では自然に用いられる。一つは over-V と対比される文脈であり (11) (12)，もう一つは慎重な行為が求められている文脈である (13)。(12) (13) は Corpus of Contemporary American English (COCA; Davies 2008–) [9] からの実例である。

(11)　Be sure to follow the pack directions and don't *overheat* or *underheat* the packet.　　　　　　　　　(*Nursing Procedures and Protocols*, p. 598) [10]

(12)　Once the chill is off, the problem is people *undercook* or *overcook*. So this is my trick. [...] So it will evenly cook.

(13)　[Y]ou need to *undercook* your pasta a little bit or else it'll be mushy.

　第 2 節で述べたように，or による対比は反義語が用いられる典型的な環境であり，これにより単独では成立しづらい underheat が (11) では使用されやすくなっている。(12) の undercook も結果状態にスケールが関わる動詞であり，同様に考えられる。また，A or B や neither A nor B には範囲を明確化する機能がある点も重要である。Jones (2002: 66–67) は He showed no disloyalty, publicly or privately, to Virginia Bottomley ... という例を挙げ，showed no disloyalty の成立範囲が「公私にわたる」，つまり常時であることを示す表

---

9　COCA は Mark Davies が構築・運営する現代英語の均衡コーパスで，収録テクストが追加されていくモニター・コーパスでもある。2018 年 10 月現在で 5 億 6 千万語の規模を誇る。

10　温度上昇スケールに限定すれば overheat の反義語は underheat だが，温度下降スケールまで含めると overcool と反義関係になる。この場合，行為開始時の温度を中心に据え，両端が開いたスケール構造が想定できる。overheat/underheat の場合は過剰性と過少性の対比だったのに対し，overheat と overcool は過剰性と過剰性の対比（ただし変化する温度の方向が逆）である。

　i. And here's what you shouldn't do. Don't overheat or overcool rooms.　　　　(COCA)

現だと述べる。... he is neither pessimistic nor optimistic ...（ibid.: 71）の場合，悲観的でも楽観的でもないと述べることによって，物事の見方が一般的な範囲内に収まることを表している。(11)(12) も同様に，基準値を上回っても下回ってもいけないと述べることで，基準値の範囲を明確にしていると考えられる ((12) は七面鳥の調理方法に関する例であり，加熱しすぎの部位と加熱が足りない部位が出ないようにするための調理のこつが説明されている)。

(13) の undercook は，or else it'll be mushy という表現があることにより，不十分というより注意深く控えめに茹でるという意味として理解できる[11]。先述のように，under-V は行為の未達成を表すため動詞の典型から外れて不自然になりやすいが，あえて控えめに行う場合は行為の一種と見なすことができる（なお，十分な加熱を意図しつつ不十分にしか加熱しないのは不可解だが，控えめな加熱を意図してその通り実行する状況は自然である。意図と行為は一致するのが自然だという議論は野矢 (2010: 42) を参照）。そのような行為の指示は，要するに「やりすぎるな」という自然な内容として理解できる[12]。

こうした条件下でない限り，結果状態にスケールを伴う under-V の使用は一般的でない。しかし，undercook の実例を探すと，上記のような条件に該当しなくても自然に用いられている例が見つかる。

(14)　The vegetables were *undercooked*, the onion still tangy.

この表現において注目すべきは undercooked という過去分詞が用いられている点である。2018 年 10 月現在，COCA において undercook が 14 件なのに

---

11　関連する現象として，単独の命令文では不自然なのに，or ... を続けると容認可能になる例を挙げることができる (*Appreciate literature. / Appreciate literature or college girls won't like you. (Lakoff 1966: 5))。高橋 (2017: Ch. 7) は，or ... が続く命令文では行為の意図性が読み込まれるため，状態述語も意図的な行為として再解釈され，命令文で使用しやすくなると述べている。同様に，本例も or ... が続くことで underheat が意図的な行為として認識されやすくなっていると言える。

12　(13) は「茹ですぎないように」という指示であり，暗に overcook との対比がなされていると考えられる。この点に関しては匿名査読者との議論が有益であった。

対して undercooked は 215 件（大半が過去分詞）であり，under-V には under-V-ed の形で用いられるのが一般的なものがあることがわかる。以下，undercooked の事例を中心的に取り上げ，under-V-ed という構文について論じる。

## 5.2　構文としての under-V-ed

　まず，以下の議論の前提となる具体的な現象を見る。基体と派生語とでは後者の方が慣習性の低い傾向がある（Iacobini 2000）。この原則が次の例では逆転している。(15a) の各語は慣習的でないのに，その派生語 (15b) は慣習化している（Booij 2015: 192）。

(15) a.　beatable, crushable, sayable
　　 b.　unbeatable, uncrushable, unsayable

派生規則が順に適用されるとすると，慣習的でないはずの beatable などをまず形成した上で，より慣習的な語が形成されることになるが，母語話者がそのような知識を利用していると想定するのは不自然である。Booij (2010, 2015) は，un-A と V-able が組み合わさった [un-[V-able]] 構文として扱うことを提案している。これにより，容認性の低い中間段階は必ずしも経由する必要がなくなり，一挙に unbeatable などの派生語を形成するプロセスが確保される。

　un-V-ed にも同様の例がある。英語の受身には行為や出来事を表す動詞的受身と，結果状態を表す形容詞的受身がある。例えば The window was broken. は「窓が割られた」という行為の意味の動詞的受身と，「（誰かが窓を割ったため）窓が割れていた」という状態の意味の形容詞的受身がある。ここで問題になるのは次のような例である。

(16)　He had remained {*seen/unseen} throughout the meeting.

（Huddleston and Pullum 2002: 1440）

seen に形容詞的受身としての用法はないにもかかわらず unseen という表現

は可能なため，派生や屈折の規則を順次適用する立場では問題となる。また，un- のついた形だけが慣習化している unheeded や unaccounted-for なども存在する。こうした例も [un-[V-ed]] 構文を認めれば，中間段階を経由せずに済む。[un-[V-ed]] はタイプ・トークンともに頻度が高いため，そこからスキーマが抽出されているという想定はごく自然である（cf. Zimmer 1964）。

　ここまでの考え方は under-V-ed にも適用できる。各種辞典を参照する限り under-V の項目（17a）はなくても，under-V-ed の形（17b）で記載のある例は多く存在する[13]。

(17) a.　undercook, underequip, underpopulate

　　　b.　undercooked, underequipped, underpopulated

undercook や underequip を動詞として使うことが不可能ではないにせよ，一般的には under-V-ed の形で使うと言える。undercooked 以外の実例も以下に示す（COCA）。

(18)　[T]he AU [=African Union] force was too small and woefully *underequipped* and unprepared.

(19)　Canada was very *underpopulated*, was *underindustrialized* and was less than two-thirds urban before 1950.

[under-V-ed] という形式と「不十分な状態」のような意味が結びついた単位（以後，この形式と意味を合わせて「under-V-ed 構文」と呼ぶ）を認めれば，under-V の容認性が低いにもかかわらず under-V-ed は問題なく形成されることが説明できる。以下，この構文の内部構造について検討を加えたのち（第5.3 節），この構文が成立する動機づけを議論する（第 5.4 節）。

---

13　見出し語として under-V の項目があったとしても，通例受身で使用する（usually passive）ことが記載されているケースが多い。このようなケースでは，under-V-ed をもとに under-V が形成されるという逆成の可能性を考えることができる。この点については，注 16 も参照されたい。

## 5.3　under-V-ed の内部構造

　ここまで動詞接辞としての under- を論じてきたため，under-V-ed についても [[under-V]-ed] という内部構造を想定しながら議論を進めてきた。しかし [under-[V-ed]] という構造も想定可能であり，現にそのような構造をなしていると考えられる例が見つかる。

(20)　Common sources of these bacteria are *un- or undercooked* animal foods
　　　[...]　　　　　　　　　　　　(*Anatomy and Physiology in Health and Illness*, p. 318)

(21)　[P]eople from the metropolitan center either settle *un- or underpopulated*
　　　lands or they invade and dominate already existing cultures.
　　　　　　　　　　　　　　　　　　　　　　　　　　(*Confluences*, pp. 9–10)

(22)　[M]any Asian students face obstacles similar to those of black students
　　　-- poor schools, lack of role models, *un(der)educated* parents [...]
　　　　　　　　　　　　　　　　　　　　　　　　　　　　　　(COCA)

　接辞は sub- and ultrasonic や un- or slightly known のように他の要素と等位接続される場合があり（岡田 2002），上は un- と under- の等位接続である[14]。un- は動詞にも形容詞にも付くが，un-V の基体は可逆的な行為を表す動詞に限られる。上例の基体動詞が表す内容は可逆的でないため，un- は形容詞的な V-ed に付いていることになる。したがって，un- と等位接続された under- も同様に [under-[cook-ed]]（右枝分かれ構造）だと考えることができる。*Oxford English Dictionary* の記述もこの構造を支持しており，underequipped などの語に関して under- は過去分詞・分詞形容詞に付加されていると見ている（*OED* Online, s.v. *under*- prefix[1] 5a）。

　とはいえ，under-V-ed という形式をもつ語のすべてが [under-[V-ed]] という構造を持つわけではない。先に見たように，限定的とはいえ動詞 undercook が観察されることも事実であり，この関係に注目した場合は undercooked を [[under-cook]-ed]（左枝分かれ構造）として捉えることになる。なお，等位接

---

14　un(der)educated は読み上げる際に or などを補うと思われる。(s)he を "she or he" と読む点も考慮されたい。この種の表記は product(s) や (un)fortunately など単複や肯否の一括に用いるほか，b(i)ased, (con)text, f(r)iend, in(de)finite, na(t)ive, ph(r)ase など幅広く見られる。

続の議論からは [un-[V-ed]] と [under-[V-ed]] の共通性が強調されるが，違い
もある。un- は多様な形容詞に付く一環として V-ed にも付加されるが，
under- の基体は V-ed にほぼ限られる[15]。

　まとめると，[under-[V-ed]] の構造が明確に意識されている例もあれば，
[[under-V]-ed] として理解が容易な例もある。また，内部を意識せず語全体
をまとまりと捉える場合もありうる。そのため，個々の語や使用例について
一律の内部構造は想定できない。語によって，また文脈や話者の知識に応じ
て，個別に異なると考えるのが妥当である[16]。

　そうした具体事例から抽出される under-V-ed という構文スキーマの内部
構造について，un-V-able と比較して考えてみよう。un-V-able は構造によっ
て意味が変わる。[[un-V]-able] の構造には元に戻すという意味が，[un-[V-
able]] という構造には否定の意味が対応する。つまり内部構造によって意味
が明確に異なるのである。一方 under- の場合，構造の違いが語全体の意味
に大きな差を生まない。そのため，under-V-ed という形式であれば内部構造
にかかわらず「不十分な状態」という共通した意味が抽出可能であり，その
際，構造の情報は捨象されることになる。したがって，抽象的な構文のレベ
ルでは [under-V-ed] という線状的な指定しか残らないと考えるのが自然であ
る。解釈の強制される文脈以外では，undercooked などの内部構造は一意に
決定されないことになるが，内部構造の選択が語全体としての解釈や使用に
大きく影響しない限り，それは問題にならない。例えば，萩澤 (2018) は「ね

---

15　数少ない例外に underripe があるが，ripe も背景には熟した状態になるという変化の意
味が含まれており，動詞に近い面があると言える。

16　なお，under-V は [under-[V-ed]] からの逆成と感じられる可能性がある。その場合，逆
成が成り立つと考えられるかには程度差がある。undercook は未定着とはいえ undercooked
からの逆成として自然に感じられる。実際，例文 (12) の先行文脈を確認するとすでに一度
undercooked が用いられており（このことも対比と並んで undercook を使用しやすい状況を
整えているように思われる），このような言語使用が繰り返されることで逆成が成立すると
考えられる。一方，undereducate の場合この種の逆成は成立しづらいと考えられる。逆成の
成立しやすさに程度差があるという点は，[N [V-er]] の場合と似ている。

　i.　[under-[V-ed]] > [under-V]　　undercook　　　undereducate
　ii.　[N [V-er]] > [NV]　　　　　daydream　　　　backseat drive
ただし [NV] と違い，[under-V] は逆成とは独立に生産的スキーマが存在する点で差はある。
ご指摘いただいた Morphology and Lexicon Forum（MLF）2017 の匿名査読者に感謝します。

まき」などの例を挙げ，この語の構造が［寝［巻き］］でも［［寝間］着］でも，少なくとも指示対象のレベルでは大差がないことを述べている[17]。そして，内部構造が未指定だとしても under-V-ed 構文の存在は揺るがない。内部構造の未指定な単位を許容すること自体が認知言語学の利点と言える。

## 5.4　構文成立の動機づけ

under-V-ed 構文が成立していることには相応の動機づけがある。二つ指摘する。一つは「未達成」の自然さに関わる。前述のように，基準点に満たない行為をわざわざ行うことは少ない。しかし，行為を達成したと言える基準値は必ずしも事前にはわからず，達成の成否は後から振り返り的に判断されることもある。そして，行為を達成しようとしたが実は未達成だったと事後的に発覚することには矛盾がない。こうした状況を表す場合，under-V-ed が自然に使用できるわけである[18]。改めて(14) The vegetables were *undercooked*, the onion still tangy. を見よう。これは十分に加熱調理する意図を持って調理を行ったのち，タマネギを口にしたところ，その味から加熱の不十分さが露呈したという状況である。これはきわめて自然なシナリオであり，このことが under-V-ed の使用を後押ししている。

二つ目は，情報価値に関わる。一般に，情報量と容認性は密接に関係する。わざわざ言及するほどの価値がないような表現は容認されにくいが，特筆すべき要素を加えると情報価値が増し，容認されやすくなる。家が建てられたものだということは自明なため #a built house や #This house was built. は奇妙だが，時間や否定などの情報を付け加えると a recently built house / The house wasn't built. のように自然に言えるようになる (Goldberg and Ackerman 2001)。前提となる肯定表現との対比として否定表現が用いられる場合，容認性を上げるだけの情報量を持つが，under- もそのような働きを担うのであ

---

17　同じく複数の内部構造を想定できる例に untruthful がある。Langacker (2009: 17–18) は句のレベルでも同種の議論が成り立つことを論じている。

18　これは over-V-ed についても同様である。Iwata (2004) は overbuild が an overbuilt area のように形容詞的受身で用いられやすいと述べている。ある地域にどれくらい建物があると適切かは事前にわからず（わかっていればそれを避ける），建物が過密だと判断されるのは事後であるとすれば overbuilt の形で使われやすいのも自然なことだろう。

る。例えば，the equipped hospital だけでは意義のある表現にならないが，
the underequipped hospital であれば十分な情報量を伝える表現となると言え
る[19]。

## 6. 語形成と文脈

　本節では，ここまでの事例研究を敷衍し，語形成一般に関わる提言を行
う。本稿は認知言語学の立場から接辞 under- の語形成を論じてきた。この
枠組みは，言語知識が具体的な言語使用を基盤として立ち上がる点を強調す
る。したがって，語形成研究においても，従来以上に使用にまつわる情報が
重視される。単にある語形成が可能かどうかを内省だけで判断するのではな
く，レジスターや頻度，文脈などを考慮することで，新たな言語事実が発掘
できることが示されつつある（Schmid 2016）。

　本稿ではすでに何度か対比の文脈について触れてきたが，この点をもう一
歩進めて考えたい。単独では不自然な語も，対比の文脈では容認度が上がる
ことはいくつかの研究で言及がある。Horn（2005: 339）は否定接辞 un- の付
いた名詞が対比的文脈で用いられる傾向を指摘し，非慣習的な臨時語の使用
がプライミング効果に促進されているようだと述べている（e.g. The *publicity*
or *unpublicity* of the process.）。また Bauer et al.（2013: 524）は接尾辞の付いた
臨時語を観察し，基体の共通する語との近くで造語が行われやすいと指摘す
る（e.g. Both the *haircutter* and *haircuttee* will need a little psychological
preparation.[20]）。本稿も undercook や underheat が対比の文脈で使用しやすく
なることを論じ，こうした指摘に改めて裏付けを与えた。さらに，over-/
under- の事例を COCA で観察すると，しばしば基体が異なるものが並べら
れていることがわかる。そのような形で用いられている under-V-ed には

---

19　under- は不足を表す否定接辞の一種である。(18) の underequipped and unprepared や
(22) の un(der)educated など，under- が典型的な否定接辞 un- と共起する点も注目されたい。
また，同様の非対称性は他の否定接辞にもある。例えば *mis*aligned, *mal*formed, *ill*-conceived,
*half*-baked などは接辞のない形では使用しにくい。否定が常識や予想・前提から逸脱した状
況をコード化する代表的な形式であるという点については，仲本 (2005)，本多 (2008) を
参照のこと。

20　原文で太字で強調されていた箇所を斜体に変更して引用した。

コーパス内での使用が一回限りの語（hapax legomenon）が多い。over-V-ed の存在が under-V-ed を受け入れやすくしていると同時に，言葉遊びのような面も生まれている。

(23) As she heads for her date with *overstuffed* washing machines and *underheated* dryers [...]

(24) So when she and I were both feeling *overworked* and *under-relaxed* [...]

(25) They are pampered, *overeducated*, *undercivilized* children [...]

また，息の放出に注目するのが自然になるような文脈で breathe の使役移動構文の容認性が上がることを第 2 節で述べたが，それは (13) で or else ... の存在によって undercook を慎重な行為として自然に解釈できたのと並行的である。これとの関連で，さらに以下の言語学の論文で用いられた例を見られたい。

(26) The paper gives a detailed description of seven spatial nominal cases [...] namely, six personal local cases and the recessive. These cases are *not fully grammaticalized* and exhibit some properties rather more characteristic of relational nouns, which is their grammaticalization source. Moreover, we show that the approximative also shares some of these properties. Nevertheless, we demonstrate that the aforementioned units have enough case-like properties to be treated as (*undergrammaticalized*) cases.

("Grammaticalization of new cases in Beserman Udmurt", p. 27)

注目すべきは，先行文脈のなかで一度 not fully grammaticalized という表現が使用されている点である。このことが undergrammaticalized という，慣習性の低い語を使うための一種の伏線になっている。つまり undergrammaticalized という語は既出の表現を繰り返す煩雑さを避けて，端的に要約して提示する機能を果たしているのである。これは breathe を使役移動構文で用いることにより簡潔な表現が可能になったことと通じているであろう。

ここまでを一般化し，臨時的・創造的な表現が自然に成立する条件を考え

る。そうした表現の使用・容認を左右する要因は多々あると思われるが，少なくとも (i) 解釈手がかりの存在と (ii) 表現意図の合理性の二つがあることを指摘したい。対比の文脈に置かれたり，類似表現が導入されたりする場合，それが解釈の有力な手がかりとして働く。また「簡潔な表現や修辞的効果の高い表現を求めたために，あえてこの表現を使用したのだろう」と，表現意図も納得できるわけである。いくら生産的な型があるといってもむやみに臨時的・創造的な表現が使えるわけではなく，こうした点に配慮して，読み手・聞き手が受け入れやすいような文脈で使用されるのが普通である。

　最後に，容認性判断について触れておく。本研究に協力してくれた母語話者にとって，結果状態にスケールが関わる under-V は不自然なものであった。しかし，実例を見ることで，over-V との対比，慎重な行為を指示する解釈，形容詞的受身など特定の条件下では under-V が自然に使用されうることも明らかになった。では母語話者の容認性判断に依拠するのが問題かと言えば，もちろんそうではない。本研究の出発点は over-V と under-V の比較であったが，overheat/underheat のミニマルペアを作り，容認性に差があるという判断を得て初めて under-V の特異性が発見できた。その意味で容認性判断から得られるものは多いと言える。

　母語話者にとって (2) の underheat の容認性の低さは「意味はわかるが，なぜそんな言い方をするのかがわからない」ということに由来し，容認性の揺れは「なぜ」をどれだけ想像できたかに由来すると思われる。このことは，言語理解にとって表現意図の理解が重要であり，それが自然にわかる文脈の存在が語形成にも大きく影響することを示していると考えられる。言語知識が実際の言語使用に根差しているという使用基盤モデルが正しいならば，これは自然な帰結である。研究者にとって重要なことは，母語話者の「言える，言えない」という判断の背後に何があるのかを慎重に見極めつつ，丹念に実例を観察し，どのような文脈であれば自然に言えるようになるのかを明らかにする姿勢であると言える。

## 7.　まとめ

　本稿の前半では，over-V/under-V の比較を通して，両者にはスケール性が結果状態に関わるタイプと産物に関わるタイプがあることを論じた。under-V

が成立しづらいのは結果状態にスケールが関わるタイプであり，未達成な行為は動詞として表現しづらいこと，心的走査の方向が不自然になることを要因として挙げた。後半では，under-V-ed が一定の生産性を持つ構文になっていること，その内部構造は未指定と考えられること，この構文の成立には動機づけがあることを論じた。最後に，語形成の研究において文脈を考慮することの重要性を論じた。本研究は，語形成研究を行うにあたって，容認性判断と実例観察の双方を組み合わせることで興味深い言語事実を掘り起こすことができること，そして，その記述・説明に認知言語学のアプローチが有効であることを，under- の事例研究を通して示した。

付記：本稿は，野中・堀内 (2016) が行った口頭発表「underestimate とは言っても underheat とは言わないのはなぜか：動詞接頭辞 over- と under- の対比から」の野中担当分および萩澤 (2017) が行った口頭発表「under-V-ed の内部構造」の原稿に基づき，その分析を大幅に発展させたものである。本稿執筆に当たって 2 名の匿名査読者をはじめ，西村義樹先生，平沢慎也氏，田中太一氏，氏家啓吾氏から貴重なコメントをいただいた。記して感謝申し上げる。

## 参照文献

Bauer, Laurie, Rochelle Lieber, and Ingo Plag (2013) *The Oxford reference guide to English morphology*. Oxford: Oxford University Press.

Boas, Hans. C. (2003) *A constructional approach to resultatives*. Stanford, CA: CSLI Publications.

Booij, Geert (2010) *Construction morphology*. Oxford: Oxford University Press.

Booij, Geert (2015) Word-formation in construction morphology. In: Peter O. Müller, Ingeborg Ohnheiser, Susan Olsen, and Franz Rainer (eds.) *Word formation: An international handbook of the languages of Europe, Volume 1*, 188–202. Berlin: De Gruyter Mouton.

Davies, Mark (2008–) The Corpus of Contemporary American English. Available online at http://corpus.byu.edu/coca/.

Dowty, David (1979) *Word meaning and Montague grammar*. Dordrecht: Reidel.

Goldberg, Adele (1995) *Constructions: A construction grammar approach to argument structure.* Chicago: University of Chicago Press.

Goldberg, Adele and Farrell Ackerman (2001) The pragmatics of obligatory adjuncts. *Language* 77: 798–814.

Grimshaw, Jane (1990) *Argument structure*. Cambridge, MA: MIT Press.

萩澤大輝（2017）「under-V-ed の内部構造」Morphology and Lexicon Forum（MLF）2017 口頭発表（2017 年 9 月 10 日，甲南大学）.

萩澤大輝（2018）「素朴理論から見る認知形態論」『東京大学言語学論集』40: 21–38.

本多啓（2008）「現代日本語における無標識の可能表現について」髙木拓明・宇野良子（編）『動的システムの情報論（7）：自然言語のダイナミズム』81–90. 東京：統計数理研究所.

Horn, Laurence（2005）An *un*-paper for the unsyntactician. In: Salikoko Mufwene, Elaine Francis, and Rebecca Wheeler（eds.）*Polymorphous linguistics: Jim McCawley's legacy*, 329–365. Cambridge, MA: MIT Press.

堀内ふみ野・野中大輔（2016）「動詞接頭辞 over-/under- の非対称性とその動機づけ：認知主体の捉え方と項構造」『日本認知言語学会論文集』16: 66–78.

Huddleston, Rodney and Geoffrey Pullum（2002）*The Cambridge grammar of the English language*. Cambridge: Cambridge University Press.

Iacobini, Claudio（2000）Base and direction of derivation. In: Geert Booij, Christian Lehmann, and Joachim Mugdan（eds.）*Morphology: An international handbook on inflection and derivation Volume 1*: 865–876. Berlin: Mouton de Gruyter.

Iwata, Seizi（2004）*Over*-prefixation: A lexical constructional approach. *English Language and Linguistics* 8: 239–292.

Jones, Steven（2002）*Antonymy: A corpus-based perspective*. London: Routledge.

影山太郎・由本陽子（1997）『語形成と概念構造』東京：研究社.

Lakoff, George（1966）Stative adjectives and verbs in English. *Mathematical Linguistics and Automatic Translation*. UC Berkeley. Retrieved from https://escholarship.org/uc/item/3qk519qr

Lakoff, George（1987）*Women, fire, and dangerous things: What categories reveal about the mind*. Chicago: University of Chicago Press.

Langacker, Ronald（2005）Dynamicity, fictivity, and scanning: The imaginative basis of logic and linguistic meaning. In: Diane Pecher and Rolf A. Zwaan（eds.）*Grounding cognition: The role of perception and action in memory, language, and thinking*, 164–197. Cambridge: Cambridge University Press.

Langacker, Ronald（2008）*Cognitive Grammar: A basic introduction*. Oxford: Oxford University Press.

Langacker, Ronald（2009）*Investigations in Cognitive Grammar*. Berlin: Mouton de Gruyter.

*Longman Dictionary of Contemporary English*, 6th edition.

仲本康一郎（2005）「認知意味論に基づく属性表現の意味解釈のメカニズム：エージェント指向の意味論の構築へ向けて」京都大学大学院人間環境学研究科博士論文.

西村義樹（1998）「行為者と使役構文」中右実・西村義樹『構文と事象構造』107–203. 東京：研究社.

野中大輔・堀内ふみ野（2016）「underestimate とは言っても underheat とは言わないのはなぜか：動詞接頭辞 over- と under- の対比から」『日本言語学会第 152 回大会予稿集』192–197.

野矢茂樹（2010）『哲学・航海日誌 II』東京：中央公論新社.

岡田禎之（2002）『現代英語の等位構造』大阪：大阪大学出版会.

*Oxford English Dictionary*. Available online at http://www.oed.com/.

Rappaport Hovav, Malka（2008）Lexicalized meaning and the internal temporal structure of events. In: Susan D. Rothstein（ed.）*Theoretical and crosslinguistic approaches to the semantics of aspect*, 13–42. Amsterdam: John Benjamins.

Schmid, Hans-Jörg（2016）*English morphology and word-formation: An introduction.* 3rd revised and enlarged edition. Berlin: Erich Schmidt.

高橋英光（2017）『英語の命令文：神話と現実』東京：くろしお出版.

Tyler, Andrea and Vyvyan Evans（2003）*The semantics of English prepositions: Spatial scenes, embodied meaning, and cognition.* Cambridge: Cambridge University Press.

Yumoto, Yoko（1997）Verbal prefixation on the level of semantic structure. In: Taro Kageyama（ed.）*Verb semantics and syntactic structure*, 177–204. Tokyo: Kurosio Publishers.

Zimmer, Karl（1964）Affixal negation in English and other languages: An investigation of restricted productivity. Supplement to *Word* 20（2）, Monograph 5.


## 用例引用資料

Doyle, Rita, Nancy Priff, and Jenifer F. Walker（eds.）（2003）*Nursing procedures and protocols.* Philadelphia: Lippincott Williams & Wilkins.

Gruesser, John Cullen（2005）*Confluences: Postcolonialism, African American literary studies, and the Black Atlantic.* Athens, GA: University of Georgia Press.

Newby, P. K.（2018）*Food and nutrition: What everyone needs to know.* New York: Oxford University Press.

Usacheva, Maria and Timofey Arkhangelskiy（2017）Grammaticalization of new cases in Beserman Udmurt. *Linguistica Uralica* 53: 27–48.

# 第 7 章

# Generative Lexicon による
# レキシコン研究

小野尚之

## 要旨

　本章は Generative Lexicon による語彙意味論の研究を取り上げ，その成果がレキシコン研究に何をもたらしたか，またその現状と課題について，筆者の研究を踏まえながら論じるものである。Generative Lexicon はレキシコンに登録される情報として言語使用者の世界知識を積極的に取り入れ，語の多義性や含意などを共合成などの合成的な手法によって明らかにする理論である。本章の後半では特に，筆者が取り組んできた名詞の事象性の問題に焦点を当て，これまで明らかになった成果や今後の問題について論じる。

キーワード： 語彙意味論，クオリア，共合成，動作主名詞，する

## 1. GL による語の意味へのアプローチ

### 1.1 レキシコンと百科事典

　言語の意味論の研究は，どのような言語単位を分析の対象にするかによって，一般的には次の 3 つのレベル，すなわち，①語の意味論，②文（命題）の意味論，③発話の意味論（語用論）に分けるのが普通である（Lyons 1995 など）。この中で，語の意味を分析対象とする研究領域は，語彙意味論と呼ばれる[1]。語彙意味論の目的は，語の意味がどのように構成されるかを探究す

---

1 「語彙」は本来は語の集合を意味するので，「語の意味論」と称するのが正確である。し

[153]

るとともに，言語におけるレキシコンの体系的な関係性を明らかにすること
である。

　本章では，語彙意味論における一つのアプローチとして，Generative
Lexicon（GL）に焦点を当て，このモデルによって，語の意味分析がどのよ
うに行われ，そして，そこからどのような知見を得ることができるかを論じ
ていきたい。GL を語彙意味論の一つの理論モデルとして見たときに，顕著
な特徴として特筆すべきは次の 2 点である。①言語使用者が言語の理解や
産出をする際に，知識ベースとしてレキシコン [2] の情報を利用することを仮
定していること，また，②語の意味は分析的あるいは構成的に捉えることが
できると想定していることである。以下では，まずはじめにこの 2 点につ
いて明らかにしていくことにする。

　言語使用者が語の意味を理解するとき，その基盤となる知識や情報は言語
に固有のものなのか，それとも，人が経験や学習などで身につける世の中全
般に関わる知識—これを「世界知識」と呼ぶことにする—なのかということ
が語彙意味論の根本的な問題となる（Cruse 2010）。これはレキシコン（辞書）
と世界知識（百科事典）をどこで区分けするのかという問題でもある。一方
の極には，文法に関与する語彙情報だけを記載したレキシコンを想定する限
定的な見方があり，もう一方の極には，レキンコンといったものは存在せ
ず，言語使用者は世界知識によって言語の理解・産出を行うという考え方が
ある。

　限定的なレキシコン観では，文法に関与する意味属性がどういうものか，
そしてそれは語の統語的ふるまいをどのように制限するかといった問題が語
彙意味論の中心的な研究課題となる。このような分析は，たとえば文法のモ
ジュール性を想定するアプローチなどに見られる。一方，レキシコンと世界
知識を区別しない考え方を取っているのは認知言語学による語彙意味論であ
る（たとえば，Langacker 2008 など）。語の意味が言語使用者の一般的知識

---

かし，「語彙」を英語の lexical の訳語に当てることが慣用化しているのでここではそれに倣
うことにする。同様に，Generative Lexicon の訳語として，「生成語彙」とすることもある
が，ここではあえて訳さずに GL と呼ぶことにする。

2　本章で「レキシコン」と呼ぶのは，言語使用者が心的活動として言語を理解・産出する
際にアクセスする心的存在としてのレキシコンのことである。

Generative Lexiconによるレキシコン研究 | 155

によって理解されるものであれば，これは，固定的な語彙項目という概念を想定する必要はなくなるので，言語理解に必要なレキシコンという概念は存在しないという考え方である。

　この問題に関して，GL は語の意味の解釈に関わるものであれば，一般には世界知識に属すると思われる情報でもレキシコンの情報に含まれるという立場を取る。つまり，GL は，限定的なレキシコンの解釈からすれば，かなり豊富な情報が記載されたレキシコンを想定するのである。言語使用者は，語の背景にある情報を利用して意味の解釈を行うと考えられるが，その際，レキシコンと世界知識をつなぐもの，すなわち橋渡しをするものが，クオリアという概念である。

## 1.2　クオリア

　クオリアという考え方の根本には，我々のいる現実世界を我々がどのように認識しているか，すなわち，この世界にはどのようなものが存在し，それがどのような関係で成り立っているか，そして，それを我々がどのように理解しているかという問題意識がある。これは一般的にはオントロジーの問題といわれる。長らく哲学で論じられてきたこの問題の起源はアリストテレスに遡る。アリストテレスは，この世界に存在するものが物質，量，質，関係，場所，時間，位置，状態，活動，不活動の 10 個のカテゴリーのいずれかに属するとし，それらのものが 4 つの原因によって成り立つと考えた。4 つの原因とは，形相因（その事物が何であるか），質料因（その事物が何でできているか），作用因（事物がどのように始まったか），目的因（事物の終局または目的が何であるか）である（ハリス，テイラー 1997）。GL は，この 4 つの原因と呼ばれるものを言語の意味を理解するための 4 つの視点と考えた（Pustejovsky 1995）。GL はアリストテレスの存在論をそのまま理論的な基盤にしているわけではないが，クオリアという考え方の背景にオントロジーという考え方があることを理解しておく必要がある（小野 2005）。

　クオリア[3]は，ある語が表す概念と，その語によって想起される別の概念と

---

3　英語では quale（単数）と qualia（複数）が区別されるが，日本語の用語としては両者を区別しないことにする。また，qualia には「特質」という訳語が充てられてきたが（影山 2002 など），ここではすでに哲学用語としても広まっているこの用語を用いる。

の間に成り立つ関係であるといわれる（Pustejovsky and Jezek 近刊）。たとえば，bread という語が表す意味は，それが存在するための過程として baking という別の概念を想起させる。つまり，この場合，bread が表す意味の一部を baking という概念が規定すると考えるのである。bread と bake の関係は，bread という語が使われる場面で常に想起されるわけではない。しかし，ある特定の環境によって，たとえば次のような表現において表出するとされる。

(1)　fresh bread

(1) の fresh が意味するところは，bread which has been baked recently ということである。fresh が baked recently という含意を生じさせるのは，bread の生産過程に bake という行為が関与するということを話者が知っているからである。すなわち，bread という概念は，「焼く」という概念と，「生産手段」という関係性によって結びついているのである。fresh が他の名詞，たとえば vegetable と結びつけば produce という概念，coffee と結びつけば brew という概念が生産手段として想起されることになる。これはそれぞれの名詞に含まれる意味（すなわち，クオリアの情報）と考えられる。

　クオリアは，先に述べたように，一般に「世界知識」と呼ばれる情報の一部がレキシコンに組み込まれたものである。bread の意味に関して「パンを焼く」という行為は一般には「背景知識」といわれる情報として処理されるであろう。GL ではこれを積極的にレキシコンに記載するという考え方を採用する。しかし，世界知識のすべてをレキシコンに記載すると考えているわけではない。たとえば上記の bread と bake の関係のように，人間が経験から得た知識が特に言語の解釈に関わるような場合，つまり，言語を使用する場面において言語表現のふるまい（この場合は，ある一定の解釈が優先されること）に影響を与える際，その情報をクオリアとして語彙項目に登録するという考え方である。

　どのような知識であれ，我々が日常経験から身につけた知識は，我々が言語表現を適切に理解する際に用いられると考えられる。その場合，何がクオリアで何がクオリアでないかをどのように切り分ければよいのだろうか。どのような情報が言語現象に関わり，どのような情報が関わらないのか，すな

わち，どれをクオリアとして語彙項目に記載するかは，アプリオリに決定されることではなく，言語研究者が経験的に判断しなければならない問題である。GL という理論を通して言語現象を見たとき，より妥当性の高い説得力のある説明が行われるよう，クオリアの情報を選択しなければならない。

GL では，語彙項目の表示に項構造（Argument Structure），事象構造（Event Structure）に加えてクオリア構造（Qualia Structure）として語彙情報を記載する。語彙項目は一般に下記のような形式で表される。

(2)　Lexical entry（語彙項目）

$$\begin{bmatrix} \text{Argument Structure (ARGSTR)} = \begin{bmatrix} \text{ARG1=x} \\ \text{ARG2=y} \end{bmatrix} \\ \text{Event Structure (EVTSTR)= } E_1,\ E_2 \\ \text{Qualia Structure (QUALIA)=} \begin{bmatrix} \text{Formal role: } T(x) \\ \text{Constitutive role: } P(x, w) \\ \text{Agentive role: } \lambda e \lambda y \lambda x\ [Q(x, y, e)] \\ \text{Telic role: } \lambda e \lambda y \lambda x\ [W(x, y, e)] \end{bmatrix} \end{bmatrix}$$

このうち，項構造には語彙素の選択する項（ARG）が表示される。たとえばそれが 2 項動詞であれば，上記のように 2 つの項が指定される。事象構造には事象のタイプが表示される。$E_1$, $E_2$ と表されるのは，それが複雑事象であることを示している[4]。クオリア構造には，先に述べたアリストテレスから始まるオントロジーの考え方に沿って，次の 4 種類の語彙情報が含まれると考えられている。①形式役割（Formal role）：個体（object）や事象（event）などの基本的なオントロジーのタイプ，およびそれぞれの下位タイプ（自然物 ｛人間，動物，液体など｝，人工物 ｛道具，機械など｝，姿，かたち，色など），②構成役割（Constitutive role）：物体と構成要素（部分・全体の関係），

---

4　本章の議論では事象構造に言及する必要がないので，本章の以後の語彙表示では省略されている。また，それ以外の表示も不要な部分は割愛しているが，GL の語彙表示は本来は (2) にあるすべての情報が表示されていることが想定されている。ただし，事象を表さない名詞などの語彙表示に事象構造が記載されることはない。

③目的役割（Telic role）：目的や機能，④主体役割（Agentive role）：物事の成立原因やあり方などである。

　4つのクオリアの中で，形式役割はそのものが何であるか，すなわちそのもののオントロジータイプを決定する。その意味で形式役割はクオリア構造の「主要部」と考えられる（Pustejovsky 2011）。形式役割には最上位タイプとして，個体（object）あるいは事象（event）が指定される。他のクオリアは，主要部としての形式役割が指定するタイプへ情報を添加する役割をもつと考えられる。情報の添加によって，クオリア構造は単純なタイプからより複雑なタイプを合成する働きをする。たとえば，先ほどの bread は形式役割が個体（object）であるが，生産手段として bake という行為が主体役割に指定される。そして，その機能（食べ物であること）が目的役割に指定される。すなわち，bread には次のような語彙表示が与えられる。

(3)　bread
$$\begin{bmatrix} \text{Argument Structure（ARGSTR）} = \begin{bmatrix} \text{ARG1=y} \end{bmatrix} \\ \text{Qualia Structure（QUALIA）} = \begin{bmatrix} \text{Formal role: } \textit{object} \text{ (y)} \\ \text{Constitutive role: } \textit{composed\_of} \text{ (y, w)} \\ \text{Agentive role: } \lambda e \lambda y \lambda x \ [\textit{bake} \text{ (x, y, e)}] \\ \text{Telic role: } \lambda e \lambda y \lambda x \ [\textit{eat} \text{ (x, y, e)}] \end{bmatrix} \end{bmatrix}$$

形式役割は個体（object）であること，構成役割はその材料（composed_of），主体役割には生産手段（bake (x, y, e)），目的役割にはその機能（eat (x, y, e)）が指定されている。さらに，先に述べた理由で，形式役割を主要部とし，それに主体役割を結びつけることによって（この操作を⊗という記号で表す），bread の意味は次のような複雑なタイプとして表示される。

(4)　　$\textit{object} \otimes_A \lambda e \lambda y \lambda x \ [\textit{bake} \text{ (x, y, e)}]$

(1)の例において，fresh の修飾によって表出する baked recently という解釈は，bread に付与される (4) のようなクオリア（すなわち，bread は bake という生産手段によって作り出された個体であるということ）から出てくると

考えられている。クオリアはこのように，ある物のオントロジータイプがどのようなものであるかという情報を，言語話者の世界知識の一部から引き出してレキシコンに登録する役割を果たすのである。

## 1.3 意味の構成原理

クオリアによって豊かになった語彙情報を元に，GL は，語の意味が他の語の意味とどのように合成されるか，そしてその結果として異なる文脈においてどのように変化するかにもっとも関心をもつ。別の言い方をすれば，GL はダイナミックに変容する語の意味を文脈との関係において明らかにし，そのような意味変化の範囲が，語の元々の意味からどのように予測されるかを明示しようとするアプローチである。

このため，GL は意味の計算において大幅に強化した合成的手法を採用する。これを拡大合成（Enriched Composition）という。拡大合成とは，クオリアによって豊かになった語彙情報を活用し，共合成（co-composition）と呼ばれるプロセスを基盤として成立する意味生成の方法である。先ほど (1) において，fresh bread の意味として「パンを焼く」という行為が表出するのは，bread のクオリアにその情報が含まれているからと説明したが，これは語と語の結びつき（すなわち合成）によって，背後にあるクオリアの情報が取り出される合成プロセスを捉えているわけである。

このような見方は，GL が語彙意味論の議論に新たに提示した視点といってよい。すなわち，名詞の意味には，それが個体を表す名詞であっても，「隠れた事象（hidden events）」が含まれており，それが文中の語と語の結びつきによって表出するというものである。一般的な述語合成の原理では，述語を関数として捉え，補部はその項として扱われる。この場合，項はいわば殻に覆われた実のようなもので，その中身が殻の外に出て関数計算に関わることはない。しかし，GL では，項の中身であるクオリア情報を述語の意味計算に積極的に組み込むのである。共合成とは，動詞とその項の両方が，述語の合成に必要な情報を提供するという意味である。

共合成によって個体名詞が事象の解釈を生じさせるものとして，上記のような例の他に，たとえば，(5) のような現象も繰り返し議論されてきた。

（5）　a.　They finished the beer.
　　　b.　They finished their cake.

finish は行為の終了を表すが，たとえ個体名詞を補語に取ったとしても，その個体名詞の想起させる行為を含意する。つまり（5）の例で，beer は drink，cake は eat という行為を含意していると考えられる。問題はこの行為（事象）の意味がどこから来るかということである。

　まず確認しておきたいのは，この解釈が語彙項目の結合によって第一義的に得られる語彙的な解釈であり，その意味においてデフォルトの解釈と見なされる点である。文脈によっては他の解釈が与えられることもあるが，それはいわばデフォルトの値に上書きされた後付けの読みである。後付けの解釈はより強い文脈の影響下で成立する「語用論的な解釈」と考えられる。

　（5）において finish の補語に現れた個体名詞 beer から「ビールを飲むこと」，cake から「ケーキを食べること」というような事象の解釈を取り出すことができるのは，それぞれの行為が，デフォルトの情報として名詞の意味に含まれているからである。GL の考え方では，この行為の含意がクオリアとして捉えられる。beer が「ビールを飲むこと」として解釈されるのは，ビールが飲み物であるという我々の知識があるからである。その情報は，ビールの形式役割 liquid と目的役割 drink を合成したタイプ構造 *object* $\otimes_T$ *drink* (x, y, e) として表される。つまり，目的役割の情報から「飲むこと」を読み取るわけである。同様のことは，cake についてもいえる。cake は *object* $\otimes_T$ *eat* (x, y, e) というタイプ構造をもつと考えられる。先に述べた，個体名詞の意味に含まれる「隠れた事象」の解釈は，それぞれのクオリアから取り出されると考えることができる。

　共合成は，このように名詞の意味からその中身を取り出しているともいえるが，その動機づけとなるのが，「強制」と呼ばれる操作である。上例では，finish が出来事を選択する動詞であるにも関わらず，個体名詞を項に選択している。本来これは選択制限のミスマッチとして排除されるが，共合成を可能にするために，強制による調整を行って上記のような述語合成が成立する。

　このようにクオリアというデバイスを導入することによって，合成的に意味が生成される過程が説明される。finish は本来出来事を表す補語を取る動

詞であるが，個体名詞が目的語に来た場合，クオリアから事象タイプを選択
して，個体から事象へのタイプ変換を起こすと考えられる。クオリア構造
は，このような語と語のつながり，すなわち統合的な関係において生じる語
彙意味の生成に大きな説明力を発揮するのである。

　このように，クオリアという，世界知識を反映した語彙情報を利用するこ
とにより，合成的に意味の解釈（これは言語使用者による意味の生成ともい
える）を行うのが GL の特徴である。以下の節では，あるタイプの名詞のふ
るまいを GL の枠組みで分析することによって，ここまで述べたクオリアや
共合成という道具立てによって「隠れた事象」の問題がどのように解決され
るのかを見ていく。

## 2.　名詞の事象性

### 2.1　動作主名詞

　大まかにいえば，名詞は，人や物などの「個体」を表すものと，出来事や
事物の関係（これをまとめて「事象」とする）を表すものに分けることがで
きる。前者を「個体名詞」，後者を「事象名詞」とここでは呼ぶことにする。
個体名詞が表す物は，物理的，具体的な物だけでなく，抽象的な概念のよう
な物も含まれる。また，事象名詞には「会議」や「結婚」のように出来事や
人間関係を表すものが含まれる。

　名詞を「個体名詞」と「事象名詞」に分けた場合，名詞の中には，その両
方に区分できそうなものがあるということに気がつく。いわゆる singer,
driver, teacher, reader などの「動作主名詞」と呼ばれるものがそういった名
詞の一つである。動作主名詞についてのこれまでの研究は，主に英語の派生
名詞を議論する中で行われてきた経緯があるので，以下の議論ではまず英語
の動作主名詞について見ていくことにする。その後，日本語の動作主名詞に
も分析を拡大していく。

　動作主名詞はその本来の意味として，ある行為を行う人間，あるいはその
行為を行うのに用いられる道具を表すという点で，個体を表すと同時にその
行為，すなわち事象を含意している。つまり，driver の表す意味は，drive
という行為なしには表すことができないのである。動作主名詞は「個体名
詞」であると同時に，事象も含意するという二面性をもつ。そのため，名詞

の事象性をめぐる多くの研究で取り上げられてきた。以下では，その要点を
まとめた上で，GL による分析がどのようなものであるかを見てみよう。

　動作主名詞が事象的な解釈を受けることは，Levin and Rappaport（1988），
Rappaport Hovav and Levin（1992）などによって指摘されている。次の（6a）
のように名詞単体で用いられる動作主名詞は，動作主（ヒト）と道具（モノ）
の両方の意味があるのに対して，（6b）のように基体動詞の内項が主要部名
詞の項として実現している場合は，動作主（ヒト）の読みだけになるといわ
れている。

　　（6）a.　a grinder
　　　　b.　the grinder of imported coffees

Levin と Rappaport Hovav は，この解釈の違いを名詞の項構造の有無によっ
て説明している。すなわち，項構造が明示的である場合には，動作主（ヒト）
として解釈され，そうでない場合は，動作主（ヒト）と道具（モノ）のいずれ
かに解釈されるというのである。（6b）は，動詞の内項が実現しているので，
必然的に名詞に項構造が受け継がれたと考えられる。つまり，解釈の違い
は，基体動詞から名詞への項構造の受け継ぎによって生じるとしている。

　Levin と Rappaport Hovav はさらにこの事実を事象性の違いに関係づけて
論じている。それによると，（6b）の動作主の解釈は，名詞によって指示さ
れる人物が実際に豆を挽くという行為に関わったということを含意してい
る。つまり，（6b）は事象の生起を前提とする行為を表現しているという。
一方，道具の解釈（6a）は，実際に豆を挽く行為に用いられたかどうかに関
わらず，それがそのような機能をもっていれば grinder と称することができ
る。場合によっては，その道具を実際の行為に用いなくとも，その機能を備
えていればよい。つまり，同じく事象（行為）を含意するといっても，（6b）
の動作主の読みと（6a）の道具の読みでは，指示物の事象への関わり方が異
なるという観察をしている。

　動作主名詞に見られるこの事象性の違いは，Pustejovsky（1995）等が GL
の枠組みの中で提案した，より一般性の高い意味論の概念によって見直すこ
とが可能である。GL では，人を表す名詞に，述語の意味的な区別として広

く議論されている「場面レベル（stage-level）」と「個体レベル（individual-level）」の区別を援用し，2種類の名詞があることを主張している。たとえば，その区別は，pedestrian（歩行者）と violinist（バイオリニスト）の違いによって示すことができる。pedestrian が指す人は，その場で必ず歩行という行為を行っていなければならないのに対して，violinist が指し示す人は，必ずしもバイオリンを弾いていなくてもよい。すでに演奏をまったくしなくなった violinist というのも語の意味としては可能である。このことから，前者を場面レベルの名詞，後者を個体レベルの名詞と呼ぶ。そして，ここからが GL の分析として重要なのだが，場面レベルの名詞が含意する行為（この場合は「歩行」）は，pedestrian の主体役割によって表され，violinist の行為は目的役割によって表される。すなわち，pedestrian は *human* $\otimes_A$ *walk* (x, e) というタイプ構造を指定し，violinist は *human* $\otimes_T$ *play* (x, y: violin, e) というタイプ構造をもつとされる。このように，それぞれの名詞が含意する事象（行為）を別のレベルで捉えることにより，単に事象性の有無だけでは説明できない「隠れた事象」の含意を表すことが可能になる。

　以上のことを踏まえて，grinder の意味記述を考えてみる。grinder はその語基の意味として grinding という事象を含意する。また，動作主としての解釈と道具としての解釈があるので，grinding には道具に当たる項が含まれなければならない。そう考えると grinder の語彙項目は次のように表示される。

(7)　grinder
$$
\begin{bmatrix}
\text{ARGSTR} = \begin{bmatrix} \text{ARG1=x} \\ \text{ARG2=y} \\ \text{ARG3=z: } \textit{instrument} \end{bmatrix} \\
\text{QUALIA} = \begin{bmatrix} \text{Formal: } \textit{human} \text{ (x)} \bullet \textit{object} \text{ (z)} \\ \text{Agentive: } \lambda e \lambda y \lambda x \text{ } [\textit{grind} \text{ (x, y, e)}] \\ \text{Telic: } \lambda e \lambda z \lambda y \lambda x \text{ } [\textit{grind} \text{ (x, y, z, e)}] \end{bmatrix}
\end{bmatrix}
$$

この語彙項目は，grinder の表しうる最大の多義解釈，すなわち場面レベルの動作主，個体レベルの動作主および道具解釈を表したものである。形式クオリアの記号・（ドット）は，それによって結ばれるオントロジータイプのうちそのどちらかが選択されることを示している。すなわちこの場合は，人

164 | 小野尚之

としての解釈と道具としての解釈のいずれかが行われることを示している。grinder の多義性は以上のような語彙情報に基づいて区別されるのであるが，一つの語彙表示でそれらを説明するのは話が込み入ってしまうので，便宜上，場面レベルと個体レベルの解釈に分けて次に説明する。

　場面レベルの grinder は，行為が主体役割として表示されるので次のような語彙情報を指定することになる。

(8)　grinder $\begin{bmatrix} \text{ARGSTR} = \begin{bmatrix} \text{ARG1=x} \\ \text{ARG2=y} \end{bmatrix} \\ \text{QUALIA} = \begin{bmatrix} \text{Formal}: human\,(x) \\ \text{Agentive}: \lambda e\lambda y\lambda x\,[grind\,(x, y, e)] \end{bmatrix} \end{bmatrix}$

ここでポイントとなるのは，主体役割は，項構造へ反映されること，すなわち主体役割の情報は項構造として文法的に実現されるという点である。場面レベルの grinder は人のみを表し，クオリアによって $human \otimes_A grind\,(x, y, e)$ というタイプづけが行われるが，同時に項構造としても $grind\,(x, y)$ を指定するということになる。これに対して，個体レベルの grinder は次のような語彙情報を指定することになる。

(9)　grinder $\begin{bmatrix} \text{ARGSTR} = \begin{bmatrix} \text{ARG1=x /ARG3=z} \end{bmatrix} \\ \text{QUALIA} = \begin{bmatrix} \text{Formal}: human\,(x)\bullet object\,(z) \\ \text{Telic}: \lambda e\lambda z\lambda y\lambda x\,[grind\,(x, y, z, e)] \end{bmatrix} \end{bmatrix}$

個体レベルの grinder はまず人と道具の解釈があることから，その多義性をドットタイプ $human\,(x)\bullet object\,(z)$ として捉える。そして，その含意する事象（行為）は目的役割として表示するので，$human\,(x)\bullet object\,(z) \otimes_T grind\,(x, y, z, e)$ というタイプづけが行われる。そして，ここが肝心なところであるが，目的役割は項構造には反映しない。つまり，言い方を変えれば，目的役割の事象は文法的には実現しないのである。その代わり，個体レベルの grinder は，人としての指示（ARG1=x），あるいは道具としての指示（ARG3=z）

に応じた名詞の項構造を指定することになる[5]。

　動作主名詞の含意する事象（隠れた事象）が単なる事象の有無によって捉えられるのではなく，主体役割と目的役割という異なるクオリアによって異なるタイプの事象性として捉えるところに GL の最大のアドバンテージがある。また，目的役割の事象は human と object（道具）という形式役割のドットタイプとして捉えられるので，一般的な多義語の枠の中で，異なるオントロジータイプを表す語彙項目として表現することができる。すなわち，英語の動作主動詞に見られる体系的な両義性（ambiguity）は，動作主名詞における特殊な意味の表出としてではなく，より一般的なヒト名詞の特性との関連で捉えることができ，またそのような見方は，この問題のより本質に近い部分を捉えていると考えられるのである。

　以上，英語の動作主名詞に基づいて，GL が名詞の事象性という問題にどのような分析を与えるかを見たが，それが英語固有の問題ではないことを，今度は日本語の動作主名詞に視点を移して見てみよう。以下の議論は，主に日本語の動作主名詞について記述的な観点と理論的な観点からまとめた Ono（2016）によるものである。

　日本語の動作主名詞を形成するもっとも生産的な手段は，いうまでもなく接辞添加によるものである。Ono（2016）は次のような動作主名詞の接辞を英語の -er による動作主名詞に相当するものとしてあげている。

(10) a.　旅行者，運転者，志願者，作者
　　　b.　話し手，買い手，作り手，歌い手
　　　c.　歌手，騎手，助手
　　　d.　通行人，保証人，相続人
　　　e.　持ち主，送り主，飼い主
　　　f.　旅行客，訪問客，登山客

その他，「物盗り」，「金持ち」などの複合語，「見張り」，「見習い」などの転

---

5　便宜上 (8) と (9) を分けて表示して多義の生成過程を説明したが，実際の語彙項目は，(7) であり，grinder の多義性は，その単一の語彙表示によって捉えられると想定していることに注意。

換による派生がある。しかし，接辞添加によるものがもっとも種類が多く生産性が高いので，以下の議論ではこれらを基本的なデータとする。

　日本語の動作主名詞を研究する意義は，影山（2002）などでも指摘されている通り，先に述べた場面レベルと個体レベルの区別が，接辞によって形態的に区別されることである。次の例で対になった名詞は，左が個体レベル名詞，右が場面レベル名詞となっている。

(11)　運転手／運転者，看護士／看護人，作家／作者，演奏家／演奏者，
　　　踊り手／踊り子

「手」／「者」,「士」／「人」,「家」／「者」,「手」／「子」が意味的な弁別機能をもっていることがわかる。この対応関係は必ずしも体系的に成立するわけではないが，英語の動作主名詞にはない形態的な差別化は注目に値する。この形態的な差異があるために場面レベル／個体レベルという意味的な違いが，日本語では形式の違いを伴う区別として捉えることができる。

　では，これらの名詞をクオリア構造を用いて表示してみよう。一例として「運転手／運転者」の対を取り上げると，英語の grinder のところで論じたのと同じく，次のような語彙表示となる。

(12)　運転者
$$\text{ARGSTR} = \begin{bmatrix} \text{ARG1=x} \\ \text{ARG2=y} \end{bmatrix}$$
$$\text{QUALIA} = \begin{bmatrix} \text{Formal: } \textit{human} \text{ (x)} \\ \text{Agentive: } \lambda e \lambda y \lambda x \, [\textit{drive} \text{ (x, y, e)}] \end{bmatrix}$$

(13)　運転手
$$\text{ARGSTR} = \begin{bmatrix} \text{ARG1=x} \end{bmatrix}$$
$$\text{QUALIA} = \begin{bmatrix} \text{Formal: } \textit{human} \text{ (x)} \\ \text{Telic: } \lambda e \lambda y \lambda x \, [\textit{drive} \text{ (x, y, e)}] \end{bmatrix}$$

双方とも「運転」事象を含意するのであるが，これまで場面レベルと個体レベルの区別について論じてきたことと同様，それが場面レベルでは主体役割として記載され，項構造に連結しているのに対し，個体レベルでは目的役割

として記載され，項構造には必ずしも実現していない。

　項の選択については，次のような対比によって項構造の違いを確かめることができる[6]。(14)と(15)は，場面レベル名詞「作者」と個体レベル名詞「作家」の対比であるが，すぐに明らかなように，「作者」が項の存在を強く要求するのに対し，「作家」は項の存在を排除している[7]。

　(14) a.　彼はこの劇の作者だ。
　　　 b.　*彼は作者だ。
　(15) a.　彼は作家だ。
　　　 b.　*彼はこの劇の作家だ。

この違いは，項構造とクオリア構造の結びつきに求めることができる。「作者」は，場面レベル名詞として主体役割によるタイプ構造 $human \otimes_A write$ $(x, y, e)$ をもつため，事象が項構造に連結していると考えられるのに対し，「作家」は，目的役割によって $human \otimes_T write$ $(x, y, e)$ というタイプ構造が構成されるため，項構造に write という行為が連結しない。その結果，「作家」の方は項構造に内項を指定することができないのである。(15b)で項が排除されるのはそのような理由による。なお，Ono (2016) は，個体レベル名詞がすべて「項」を排除するわけでなく，個体レベル名詞の項は事象性とは異なる意味関係によって選択されると説明しているが，ここでは詳細に立ち入らないことにする。

## 2.2　「する」構文の分析

　前節で論じた場面レベル／個体レベルの名詞の区別は，動作主名詞，ある

---

6　日本語動作主名詞の項選択の違いを最初に指摘したのは Sugioka (1986) である。以下の議論は Sugioka の観察に基づいている。

7　(14b)と(15b)の容認性の判断は次のような前提による。まず，(14b)は，文脈に作品が明示されていないことが前提となる。前後にまったく作品への言及がないと(14b)はかなり不自然である。(15b)は「この劇の」が，たとえば「時代劇の作家ではなく，童話の作家」のような，対比的な解釈ではなく，項（対象物）としての解釈を想定することが前提となる。「絵本の作家」のように「作家」の外延を限定する意味であれば容認可能である。

168 | 小野尚之

いはヒト名詞に限らず，物を表す名詞に広く観察される。小野（2014）は，
［動詞＋「物」］という形式をもつ複合名詞がこの基準によって2種類に分けら
れることを指摘している。以下に示すのがそれぞれの複合名詞の例である。

(16) a. 忘れ物，拾い物，贈り物，洗い物，片付け物　　（場面レベル）
　　　 b. 飲み物，食べ物，持ち物，壊れ物，割れ物，置物　（個体レベル）

モノ名詞の場面レベルと個体レベルの意味的な違いは，動作主名詞の場合と
ほぼ同じである。たとえば「忘れ物」は，所持品をどこかに置き忘れるとい
う事態が生じてはじめて成立する意味である。これに対して，「飲み物」は
それを飲むことを目的として存在するものであれば，たとえ実際に飲むとい
う行為が行われなくても「飲み物」と称することができる。

　小野（2014）は，この両者の違いが意味的に異なるというだけでなく，動
詞「する」の補語選択に関わる文法的なふるまいの違いとして現れることを
指摘している。(17) に示すように「する」の補語として選択可能なのは場
面レベルの複合名詞に限られ，個体レベルの複合名詞は排除される。

(17) a. 駅で忘れ物をした。
　　　 b. ＊カフェで飲み物をした。

(16) に示した例にはこの制限がすべて当てはまる。この問題を，クオリア
構造による「隠れた事象」の問題として考えてみよう。小野（2014）が示し
た議論は以下のようなものである。

　まず，本動詞としての「する」は，もっとも典型的には「事象」を表す名
詞を補語として選択する[8]。「する」によって選択される事象名詞は次のよう
なものである。

---

8　紙幅の都合により，本章の議論では「する」が接辞化して動名詞に添加する際の意味や
用法については論じない。また，ここで取り上げたのは「する」の他動詞用法だけである。
「する」には他動詞の他，音や匂い，痛みなどの知覚対象，あるいは金額や時間などを主語
にする自動詞用法があるが（たとえば「｛変な音／よい匂い／頭痛｝がする，この絵は一億
円もする」など）議論の対象とはしない。

（18）a. 動作・行為：訪問，あくび，息，うがい，家事，仕草，ふり，筋トレ，言いわけ，まばたき，コピー，ドライブ

b. 過程：実現，変化，反応，噴火，蒸発

c. 経験：けが，やけど，損，挫折

d. ゲーム・イベント：ゴルフ，チェス，会議，講演

このうち，「過程」の下位分類に属する事象名詞は，「計画が早期に実現をする」「事態が急激な変化をする」のように，非動作主主語をもつ文に現れるが，その他の下位分類の事象名詞は基本的には動作主主語となる。

事象名詞を補語に選択するということは，GL の見方からすると，補語に選択された名詞のクオリア構造と動詞の意味とが「共合成」されて動詞句の意味を生成するということである。事象名詞は，形式役割として event というオントロジータイプをもち，その具体的な中身は主体役割によって指定される。すなわち，「訪問」であれば，クオリアによって $event \otimes_A visit\,(x, y, e)$ というタイプ構造が指定されるのである。この情報を「する」に読み込むことによって「訪問をする」の解釈が生じるのである。

（17）の例に話を戻すと，問題になるのは，個体名詞を補語に選択する「する」であると考えられる。そこでまず，場面レベルの名詞と個体レベルの名詞の語彙表示を改めて確認してみよう。

（19） 場面レベル名詞

忘れ物 $\begin{bmatrix} \text{ARGSTR} = \begin{bmatrix} \text{ARG1=x} \\ \text{ARG2=y} \end{bmatrix} \\ \text{QUALIA} = \begin{bmatrix} \text{Formal: } object\,(y) \\ \text{Agentive: } \lambda e \lambda y \lambda x\,[lose\,(x, y, e)] \end{bmatrix} \end{bmatrix}$

（20） 個体レベル名詞

飲み物 $\begin{bmatrix} \text{ARGSTR} = \begin{bmatrix} \text{ARG1=y} \end{bmatrix} \\ \text{QUALIA} = \begin{bmatrix} \text{Formal: } object\,(y) \\ \text{Telic: } \lambda e \lambda y \lambda x\,[drink\,(x, y, e)] \end{bmatrix} \end{bmatrix}$

これまで述べた説明と同じであるが，場面レベルの名詞は，主体役割の事象が項構造に連結するので，その名詞自体に基体動詞の項構造が反映されることになる。

場面レベルのモノ名詞と個体レベルのモノ名詞が項選択において異なることは，先に見た動作主名詞の場合と同様である。次に示すように，場面レベル名詞は，主体役割 *lose* (x, y, e) の y に当たる項を名詞の項として実現させることができる。これに対し，個体レベル名詞の方は，基体動詞の内項を取ることができない。

(21) a. 本の忘れ物
 b. *ジュースの飲み物

(21b) が成立しないのは，(20) に示したように，個体レベル名詞の項構造が目的役割の事象を反映しないためである。この点，これまで議論してきた名詞タイプの違いと一致していることがわかる。

これを踏まえて，次に，場面レベルの名詞が「する」の補語になった場合どのように共合成が行われるかを見てみよう。先に示したように，「する」が第一義的に選択するのは「事象名詞」である。つまり，「する」は事象を選択する（下図では，event で示す）のだが，「忘れ物」は個体である（object で示す）ので，そこにミスマッチが生じる。

(22)

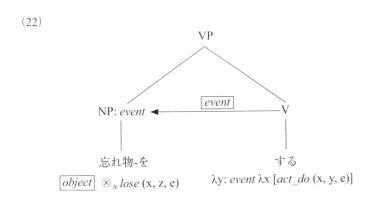

しかしながら，前図に示すように，「忘れ物」は主体役割からの情報によって *object* $\otimes_A$ *lose* (x, z, e) というタイプ構造をもつので，共合成によって事象の情報を取り出して「する」の選択制限を満たすことができる（図では「NP: *event*」と表示している）。この基本的な仕組み自体は，(5) で論じた，finish の解釈に必要な事象情報を，強制により beer から引き出す仕組みと原理的には同じである。一方で，「飲み物」のような個体レベル名詞にこれが起こらないのは，個体レベル名詞では，目的役割に記載された情報が，そのものの属性としての情報となるので事象の共合成は起こらず，場面レベル名詞のようには解釈されないことによる。

さて，ここまで見てきた「する」は，補語に事象名詞を取る場合であれ，場面レベル名詞を取る場合であれ，名詞との共合成の結果，名詞の主体役割の情報を取り出して場面レベルの述語として機能する。ところが，「する」には，補語に個体名詞を選択し，個体名詞のクオリアを共合成によって取り込むことで個体レベルの述語として，主語名詞の様々な属性を記述する用法がある。その一つが，人が果たす社会的な役割や職業を人の属性として表現する用法であり，次のような例で示すことができる。

(23)　彼はその当時 {警察官／大学教授／主婦／運転手} をしていた。

このような文をここでは役割属性文と呼ぶことにしよう。また，同様に個体名詞の補語からクオリアを読み取って，身体属性や形質を表す個体レベルの述語を形成する「する」の用法がある[9]。

(24)　{青い目／丸い顔／四角い形／変な色} をしている。

これらの「する」は，補語名詞からのクオリアの読み取りという点で，先に述べた場面レベルの述語を形成する「する」とはかなり性質を異にしており，そのため，ここでは両者を区別して考えることにする。

---

9　影山(2004)はこの構文についてクオリア構造を用いた分析を提示している。小野(2016)はそれに対し問題点と代案を論じているが，ここでは取り上げない。

役割属性文では,「する」は補語にヒト名詞を選択する。その中には,前節で動作主名詞と見なした例も含まれる。しかし,重要なのは,役割属性文に現れる名詞は個体レベルの名詞に限られ,場面レベルの名詞は出現しないことである。

(25) a. 警察官, 運転手, 医者, 作家, 弁護士, ピアニスト (個体レベル)
b. 訪問客, 運転者, 病人, 歩行者, 酔っぱらい (場面レベル)

したがって,(26) のような対比が観察される。

(26) a. 彼はその当時警察官をしていた。
b. *彼はその時訪問客をしていた。

このとき共合成がどのように行われるのかを見てみよう。社会的属性を表す名詞は,形式役割が human であり,かつ,目的役割にその社会的役割が記載されていると考えられる。「社会的役割」を仮に R と表すとすると,たとえば,「警察官」のタイプ構造は,形式役割と目的役割を合成して,$human \otimes_T R$ のようなものになる。一方で,「する」も個体を選択するため,共合成は次のような図で示すことができる。

(27)

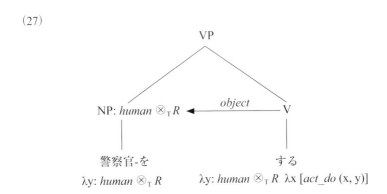

（27）の図では，「する」がobjectを選択すること，そしてそれに対して補語名詞が *human* $\otimes_{\mathrm{T}} R$ というタイプ構造を表示するので，タイプが一致する。ここで重要なのは，個体レベル名詞を選択する「する」は，名詞の主体役割を読み込まないことである。（12）（13）の対比で示したように，（25a）のような個体レベルの動作主名詞では特定の主体役割が指定されていない。一方，（25b）のような場面レベル名詞（「訪問客」，「運転者」等）では，タイプを決める情報は主体役割から取り出されるが，個体レベルを選択する「する」はその情報を参照することができないため，場面レベル名詞との間にタイプのミスマッチが起こると考えられる。そのため，この場合，共合成が成立しなくなるのである。

## 3. まとめと今後の課題

　以上，本章ではGLによる語彙意味論の研究が，レキシコンの研究にどのような貢献をなし得たかを，主に筆者が行ってきた名詞の事象性に関する研究を中心に論じてきた。GLはクオリアと呼ばれる情報をレキシコンに取り入れ，それによって合成的に語の意味を分析する。ここで取り上げた動作主名詞は，個体を表す名詞でありながら，必ず動作を含意するという点において，事象を表す名詞に近いものがある。この点は，文法的なふるまいとして，基体動詞の項構造を受け継ぐというところに現れる。しかし，動作主名詞の事象性は，事象解釈の有無というだけでなく，動作主が事象に実際に関与するのか，あるいは潜在的に関与するのかという観点から区別され，これによって場面レベルの名詞と個体レベルの名詞に分類される。

　GLの分析では，クオリアによるタイプづけという方法で，その2種類の事象性を明示的に示すことができる。また，英語から日本語へと対象を広げると，場面レベルと個体レベルの事象性の違いは形態的に区別されることがわかる。さらに，動作主名詞からモノ名詞へと拡張すると，この事象性の問題は名詞全般に広く存在する問題であることがわかる。さらに，2種類の名詞が動詞構文においてどのように意味を合成させているかをGLの構成的なアプローチによって明らかにすることができることを見た。このような名詞の事象性をめぐる議論を振り返ることで，GLの特徴であるクオリアを取り入れた豊かな語彙情報，また，そこから合成的な手法により意味を生成し，

文脈において変容する語の意味を説明するアプローチのしかたが示せたのではないかと思う。

今後の課題としては，何よりもまず，名詞の事象性の問題がさらに探究されなければならないだろう。動作主名詞の分析に始まった「事象 vs. 非事象」の対立という見方は，クオリアによる分析によって「場面レベル vs. 個体レベル」の対立という，より一般性の高い分析に展開させることができた。そうすることで動作主名詞以外の「忘れ物」タイプの複合名詞にも拡張が可能であることが示された。まだこの分析の射程に入ってくる名詞のタイプは数多くあり（たとえば，複合名詞でいえば「事故車／救急車」のような例など），今後一層の展開が期待される。

GL の課題としては，クオリア情報の精密化が必要である。先に述べたように語彙項目にどのようなクオリアを表示するのが適切であるかは，それによってどのような現象を説明するかということに関わる経験的な問題である。先に，役割属性を表す名詞は，社会的役割を表す属性として目的役割にRが記載されるとした。しかし，当然のことながら，このRを解釈するには言語使用者の世界知識を利用しなければならない。そうすると，このRという値は語彙情報として適切かどうかということを検証しなければならない。クオリアは，それが世界知識と結びつくという非常に強力な概念であるが故に，その内実を客観的に検証するのが難しいという負の側面を合わせもっているのも事実である。そのような点を踏まえながら，クオリアとして記載すべき情報のより客観的で精緻な分析を発展させていく必要があろう。

## 参照文献

Cruse, Alan (2010) *Meaning in language: An introduction to semantics and pragmatics.* 3rd ed. Oxford: Oxford University Press.

ハリス, ロイ・テイラー, タルボット J. (1997)『言語論のランドマーク：ソクラテスからソシュールまで』東京：大修館書店.（原著：Roy Harris and Talbot J. Taylor (1989) *Landmarks in linguistic thought: The western tradition from Socrates to Saussure.* London: Routledge.）

影山太郎 (2002)「動作主名詞における語彙と統語の境界」『国語学』53(1): 44–55.

影山太郎 (2004)「軽動詞構文としての「青い目をしている」構文」『日本語文法』4(1): 22–37.

Langacker, Ronald W. (2008) *Cognitive Grammar: A basic introduction.* Oxford: Oxford University Press.

Levin, Beth and Malka Rappaport (1988) Nonevent *-er* nominals: A probe into argument structure. *Linguistics* 26: 1067–1083.

Lyons, John (1995) *Linguistic semantics: An introduction.* Cambridge: Cambridge Univiersity Press.

小野尚之 (2005)『生成語彙意味論』東京：くろしお出版.

小野尚之 (2014)「「N をする」構文における項選択と強制」岸本秀樹・由本陽子 (編)『複雑述語研究の現在』17–40. 東京：ひつじ書房.

Ono, Naoyuki (2016) Agent nominals. In: Taro Kageyama and Hideki Kishimoto (eds.) *Handbook of Japanese lexicon and word formation*, 599–629. Berlin: De Gruyter Mouton.

Pustejovsky, James (1995) *Generative lexicon.* Cambridge, MA: MIT Press.

Pustejovsky, James (2011) Coercion in a generative theory of argument selection. *Linguistics* 49(6): 1401–1431.

Pustejovsky, James and Elisabetta Jezek (近刊) *An introduction to generative lexicon theory.* Oxford: Oxford University Press.

Rappaport Hovav, Malka and Beth Levin (1992) *-Er* nominals: Implications for the theory of argument structure. In: Tim Stowell and Eric Wehrli (eds.) *Syntax and semantics 24: Syntax and the lexicon*, 127–153. New York: Academic Press.

Sugioka, Yoko (1986) *Interaction of derivational morphology and syntax in Japanese and English.* New York: Garland.

第8章

# 言語類型論と認知言語学の
# 観点よりみた英語からの動詞借用
### 事例研究を通じて

堀江薫

**要旨**

　言語類型論の分野は形態統語論現象の類型化を中心に発展し，語彙的現象の類型化に関しては遅れていた。しかし近年いくつかの重要な研究がなされ，語彙類型論の分野でも進展が見られた（例：Koptjevskaja-Tamm 2012, 2015, Päivi and Koptjevskaja-Tamm（eds.）2016）。ただし，語彙の借用現象に関する言語類型論的研究は Haspelmath and Tadmor（eds.）(2009) という重要な先駆的研究があるものの，未だに整備されているとはいい難い。本研究は，筆者がこれまでに言語類型論と認知言語学を複合させた観点より分析を行った英語から日本語（および韓国語）への借用現象の３つのケーススタディおよび未発表の知見を提示し，日本語の借用語が今後言語類型論や認知言語学の観点から体系的に研究されるべき興味深い通言語的現象であることを示す。

**キーワード：** 言語接触，語彙的借用，文法的借用，借用語類型論，動名詞

## 1. はじめに

　形態統語論現象の類型論的研究はグリーンバーグの先駆的な研究以来一貫して言語類型論の中核的な研究対象であった（例：Shopen（ed.）1985, 2007）。それに対して語彙的現象の類型論的研究は後塵を拝してきた。例えば，「世界言語構造地図（The World Atlas of Language Structures, WALS, https://wals.info/)」において，形態統語論現象に関する類型論的記載は全 192 項目のうち 155 項

[177]

目に及ぶのに対して，語彙的現象に関する類型論的記載はわずか13項目に過ぎない（2019年9月4日時点での集計）。最近，認知言語学的な観点を取り入れたNewmanの研究（Newman（ed.）2002, 2009）を含め，語彙類型論の分野でいくつかの重要な研究が発表され，語彙類型論の分野においても進展が見られつつある（例：Narasimhan and Kopecka（eds.）2012, Koptjevskaja-Tamm 2012, 2015）。しかし，借用語の類型論的研究はHaspelmath and Tadmor（eds.）（2009）という重要な先駆的研究はあるものの，未だに整備途上にある。

　本稿では筆者がこれまで行ってきた3つの事例研究に未発表の知見を加え，日本語の借用語が今後言語類型論や認知言語学の観点から体系的に研究されるべき興味深い通言語的現象であることを示す。本稿の構成は以下の通りである。第2節では，言語接触研究と言語類型論がどのように関わりを持ち，どのような研究がなされてきたかを簡潔に概観する。第3節では語レベル，形態素レベル，構文レベルにおける英語からの動詞借用現象の事例を言語類型論と認知言語学の観点から分析する。第4節では結論を述べる。

## 2.　言語接触（language contact）と言語類型論

　言語接触は，言語類型論，社会言語学，歴史言語学が交差する言語学の領域であり，過去30年間に大きく研究が進展した（Matras 2009）。とりわけ影響力の大きかった研究はThomason and Kaufman（1988）である。同研究は，語彙的借用（lexical borrowing）と文法的借用（grammatical borrowing）の両者を含む言語接触の類型論を提示した。具体的には，言語接触の強さ（intensity）の程度によって（1）の5段階からなる言語借用の尺度を提案した。

(1)　借用の尺度（Borrowing Scale）
　I.　ごく軽度の接触（Casual contact）：語彙借用のみ
　　　レキシコン：内容語（Content words）
　II.　わずかに強い接触（Slightly more intense contact）：わずかな構造的借用
　　　レキシコン：接続詞と様々な副詞的小辞（conjunctions and various adverbial particles）
　III.　より強い接触（More intense contact）：構造的借用が微増
　IV.　強い文化的圧力（Strong culture pressure）：中程度の構造的借用

V. 非常に強い文化的圧力（Very strong culture pressure）：重度の構造的借用
　　（Thomason and Kaufman 1988: 74–75; 表の内容を部分的に引用，
　　以下翻訳は筆者による）

　語彙借用は言語接触のすべての段階で観察されるが，文法的借用はⅡの段階から始まる。本稿で扱う日本語の借用現象は基本的にⅠの段階の語彙借用であり，それも大部分は内容語（名詞，動詞，形容動詞）の借用であるが，漢文訓読を通じて副詞の「蓋（けだし）」，接続詞の「而（しこうして）」のように限られた数の機能語の借用が見られることから若干Ⅱの段階に差し掛かっていると見ることもできる。本研究で日本語との対比を行う韓国語も言語接触および借用現象に関しては日本語と概ね類似している（漢文訓読の影響も含めて）が，日本による統治時代に日本語が強制されていた影響もあって日本語の機能語を直訳したような構文が確認できる。このような一連の表現は韓国で「日帝残滓」と呼ばれる（表1参照）。(2) の「i-m-ey thulimepsta（〜に違いない）」はその例である（李戴賢氏直話）。

(2)　Kyengkam-uy　　nongtam-**i-m-ey**　　　　　　**thulimepsta.**
　　　警部 - の　　　　　冗談 - 指定詞 - 名詞化辞 - に　　違いない。
　　　「警部の冗談<u>に違いない</u>。」

**表1　韓国語における「日帝残滓」的表現と対応する自然な韓国語表現**

| 日本語 | 韓国語 | |
|---|---|---|
| | 日帝残滓的表現 | 自然な表現 |
| 〜に違いない | 〜 임에 틀림없다.<br>~i-m-ey thulim-epsta<br>コピュラ - 名詞化辞 - 位格　違い - ない | 분명<br>pwunmyeng<br>確かに |
| 〜にも関わらず | 〜 임에도 불구하고<br>~i-m-eyto pulkwuha-ko<br>コピュラ - 名詞化辞 - にも<br>関わらない - 接続語尾 | 〜 에도<br>~eyto<br>にも |
| 〜なければ<br>ならない | 〜 하지 않으면 안 된다.<br>~ha-ci anhumyen-an-toynta<br>する - なければ - 否定 - うまくいく：現在 | 〜 어야 한다.<br>~eya hanta<br>なければならない：現在 |

文法借用現象は言語接触研究のみならず，言語類型論や文法化研究においても注目を浴びてきた（例：Heine and Kuteva 2005）が，語彙借用現象に関しては類型論的な関心が及ぶのが遅れ，Haspelmath and Tadmor（eds.）（2009）の借用語類型論（loanword typology）を待たなければならなかった。

Haspelmath and Tadmor（eds.）（2009）は言語間でどのような語彙項目が借用されやすいかを同定し，言語間の語彙の類似性が系統関係によるものか，借用によるものかという古くて新しい問題に新たな光を当てようとした研究論文集であり，方法論や理論的な問題を取り上げた章と個別言語の事例研究の章から構成されている。同研究のプロジェクトは The Loanword Typology（LWT）と命名され，類型論的な観点から（様々な現実的な制約の中で）均衡を図った 41 言語に関して，1460 に及ぶ語彙的意味のリストに基づいて，当該言語においてどのような種類の借用語が見られるかを調査した。このリストに含まれる 1460 の語彙的意味がどのような意味場（semantic field）に属すものであるかを示したのが表 2 である。また，これらの意味がどのような品詞に対応しているかを示したのが表 3 である。

### 表 2　借用語類型論の意味リストの意味場（semantic fields）

| 意味場の名称 | 意味の記載項目数 | 意味場の名称 | 意味の記載項目数 |
|---|---|---|---|
| 1. 物理的世界 | 75 | 13. 量 | 38 |
| 2. 親族関係 | 85 | 14. 時間 | 57 |
| 3. 動物 | 116 | 15. 感覚・知覚 | 49 |
| 4. 身体 | 159 | 16. 感情と価値 | 48 |
| 5. 食べ物・飲み物 | 81 | 17. 認識 | 51 |
| 6. 衣服類 | 59 | 18. 発話と言語 | 41 |
| 7. 住居 | 47 | 19. 社会的・政治的関係 | 36 |
| 8. 農業と植物 | 74 | 20. 戦争と狩猟 | 40 |
| 9. 基本的行為と技術 | 78 | 21. 法 | 26 |
| 10. 動き | 82 | 22. 宗教と信条 | 26 |
| 11. 所有 | 46 | 23. 現代世界 | 57 |
| 12. 空間関係 | 75 | 24. 種々の機能語 | 14 |
| | | 合計 | 1460 |

（Haspelmath and Tadmor（eds.）2009: 7）

## 表3　借用語類型論の意味リストの意味的語類

| 意味的語類の名称 | 意味の記載数 |
|---|---|
| 名詞 | 95 |
| 動詞 | 334 |
| 形容詞 | 120 |
| 副詞 | 4 |
| 内容語 | 1363 |
| 機能語 | 97 |
| 総計 | 1460[1] |

(Haspelmath and Tadmor (eds.) 2009: 8)

　同研究はこれまでにない観点からのものであり，その後の借用語類型論研究の重要な基盤を作ったといえよう。

　日本語の借用類型論の観点からの位置づけについては同論文集に収録されている Schmidt (2009) が有益である。Schmidt はこれまで日本語において行われてきた借用語研究の知見を参照し，LWT の基準に従ってデータベースを作成した。本研究に関連する Schmidt の観察として，日本語がどの外国語からどのような品詞をどの程度受容しているかを示した以下の表4（抜粋）がある。これまでの研究からも明らかなように，日本語の語彙借用において最も重要な役割を果たした提供元 (donor) の2つの言語は中国語と英語であり，両言語からの語彙借用が名詞，動詞，形容詞という内容語，さらに機能語にまで及んでいることが見て取れる。

## 表4　意味的な語類ごとの日本語の借用語の割合

| | 中国語 | 英語 | （他の外国語） | 借用語合計 | 非借用語合計 |
|---|---|---|---|---|---|
| 名詞 | 32.3 | 9.3 | 1.6 | 43.2 | 56.8 |
| 動詞 | 19.0 | 0.9 | – | 19.9 | 80.1 |
| 機能語 | 24.1 | 0.7 | – | 24.8 | 75.2 |
| 形容詞 | 24.8 | 0.6 | – | 25.4 | 75.6 |
| 副詞 | – | – | – | 0.0 | 100.0 |

(Schmidt 2009: 562, 一部修正)

---

1　総計数は原文ママ。

表4から日本語の語彙体系において借用語の果たしている役割の大きさが見て取れる。特に名詞の場合は借用語が全体の語彙の4割を超えている。これに比べると動詞の場合は約2割であり、「言語接触において名詞は動詞よりも借用されやすい」という仮説（Moravcsik 1978）を裏付けるものである。また、機能語に関しても2割を超える中国語からの借用語があるが、これは前述した漢文訓読の影響によるものと思われる。

3節では日本語の動詞のうち約1割を占める英語からの借用動詞について筆者自身の研究と未発表の知見に基づいて言語類型論および認知言語学の観点から考察していく。

## 3. 日本語における英語動詞借用現象の3つの表象

日本語の語彙借用において最も重要な役割を果たしたのは中国語であり、中国語からの名詞、動詞の借用を通じて「動名詞（verbal noun）」という品詞が新たに創り出された。動名詞は「到着（する）」「完了（する）」「入力（する）」など名詞と動詞の両方の品詞としての特徴を有する語彙である。そして、近代以降英語から多量の動詞が借用される際にも「ヒット（する）」「キャッチ（する）」「キープ（する）」というように動名詞として受容されている。

動詞は行為、事象の生起、状態など時空間と関わる概念的に複雑で多様な事態を語彙化する品詞であり、言語間で借用される際に形態統語的、意味的に非常に興味深い現象が観察される。以下では英語との言語接触において観察される語レベル（3.1節）、形態素レベル（3.2節）、構文レベル（3.3節）の動詞借用現象を見ていく。

### 3.1 語レベルの借用

英語からの動詞借用は、漢語動詞の場合がそうであったのと同様に、「動名詞」という品詞として語レベルにおいて通常行われる。英語からの借用動詞は、多くの場合既存の和語動詞や漢語動詞と競合せず、意味の特殊化を引き起こす。例えば英語からの借用動詞「カット（する）」は「切る」「切断（する）」といった既存の切断を表す動詞と直接競合せず、(3)に示すように「髪を切りそろえる」「一部分を削る」といった意味で用いられる。「カット

する」は，大部分の漢語や英語由来の動詞がそうであるように，「カット」
という名詞としても用いられる。

(3)　　前髪をカットする。賃金をカットする。
　　　　前髪のカット，賃金（の）カット

動詞に比べた場合，名詞の借用はより頻繁に起こることが表4からもうか
がえる。実際に新たな外来語の名詞が借用された場合，既存の名詞との競合
がより直接的に生じ，結果的に場面による使い分けや年齢層別による選好が
顕著に起こることがある。陣内（2007）は和語の既存名詞「さじ」と英語か
らの借用名詞「スプーン」の間に生じた使い分けの諸相をアンケート調査か
ら明らかにしている。
　これに対して，1990年代にテレビで放映された「ポケットモンスター（ポ
ケモン）」の中で用いられた「ポケモンゲットだぜ！」という決め台詞の影
響もあり短期間の間に定着した「ゲット（する）」の場合は少し事情が異な
る。「ゲット（する）」は現在で（4）のように小説などの書き言葉においても
頻用されており人口に膾炙している。

(4)　a.　　オヤジ週刊誌をゲットしようとわたしは決めた。
　　　　　　　　　　　（『雛口依子の最低な落下とやけくそキャノンボール』
　　　　　　　　　　　　　　　　　　　　　呉勝浩 2018年，光文社，p. 157）
　　　b.　　「これはいよいよ，本当にゲットしたな」風我が言ったのは，寝
　　　　　　る直前だ。
　　　　　　　　　　（『フーガはユーガ』伊坂幸太郎 2018年，実業之日本社，p. 28）

「ゲット（する）」は「得る」「手に入れる」「取得する」「獲得する」「入手
する」などの既存の獲得を表す種々の動詞と比べて顕著な意味の特殊化が見
られない点でこれまでの英語からの借用動詞とは異なっている。筆者は
Horie and Occhi（2001）において，「ゲット（する）」の当時急速に定着しつ
つあった用法の全体像を捉えるために 1998年から 1999年にかけて大学生
に対するアンケート調査を行い，「日用品，金銭，釣果，席，得点・成績・

賞品，資格・機会，情報，彼氏・彼女」など幅広い目的語を取ることを確認した。

　以下にアンケート調査で「ゲット（する）」の用例として大学生に自由記述させた際，および調査段階で雑誌等の媒体から得られた例文を (5) に示す。それぞれの場合にどのような既存の和語動詞，漢語動詞と置き換え可能であるかを {　} で示してある（Horie and Occhi 2001, 25–28；抜粋，原文はローマ字）。「ゲット（する）」が如何に多様な（広義の）獲得動詞とともに用いられているかが見て取れる。

(5) a. 欲しかった CD をついに {ゲットし／手に入れ／買っ} た。
　　b. 一生懸命バイトして一万円 {ゲットし／稼い／手に入れ} た。
　　c. 岸から狙うか，ボートから {ゲットする／釣る} か。
　　d. ジャネットとセリーヌのアリーナを誰よりも早く {ゲットする／手に入れる／入手する} 方法
　　e. 得点を {ゲットする／得る／獲得する}。
　　f. 商品を {ゲットする／得る／もらう}。
　　g. この機会に受講して資格取得，スキルアップを {ゲットしよう／勝ち取ろう}。
　　h. やっと仕事を {ゲットし／手に入れ／見つけ} た。
　　i. フリーの人も家族と一緒に初詣に行くと良縁 {をゲットでき／に恵まれ} そう。
　　j. インターネットでしっかり情報を {ゲットし／入手し／手に入れ} 準備万端整えて…
　　k. 彼氏を {ゲットする／作る} ための女らしさって一体何なのでしょう。

　「ゲット（する）」に関して何故これまでの英語からの借用動詞に見られたような顕著な意味の特殊化が見られなかったのであろうか。この点に関しては，日本語の既存の語彙体系の中に，汎用的に用いられる英語の get のような単独の動詞が存在しておらず，既存の獲得動詞は「獲得方法（例：苦労せずに財産を {手に入れる／*獲得する}）」や「獲得対象（例：地位を {得る／

「*取得する／*入手する}）」に関して選択的な制約があることが関わっているように思われる。

　認知言語学的な観点から見た場合，日本語母語話者は，獲得動詞を使用する際にこれらの選択制約の束縛を逃れることはできない。「ゲット（する）」はこのような選択制約を母語話者に課している母語の参照枠組み（Slobin（1996）のいう thinking for speaking）の束縛から逃れる非母語（第二言語）による手段を提供しているといえる。

　実際に，英語からの動詞借用は既存の動詞では表現できない新たな意味の創造を可能にすることがあり，元々の英語動詞にはない意味が新たに創造されるという現象が見られる。この興味深い事例は英語からの借用動詞「ブレイク（する）」に見られる。英語の動詞 break は (6) のような意味を有している（Cambridge Dictionaries Online（http://dictionary.cambridge.org/））。

(6)　(i) DAMAGE; (ii) USE FORCE; (iii) DIVIDE; (iv) INTERRUPT; (v) END; (vi) DISOBEY; (vii) NOTICE; (viii) OPPORTUNITY; (ix) MOVE; (x) VOICE; (xi) SPORT

　英語の break の基本的な意味は，破壊を表す日本語の「こわす」「割る」「こわれる」「割れる」「破壊する」などに近いが，「ブレイクする」は日本語の既存の破壊動詞と意味的に競合しておらず，その点では上述した「カット（する）」に近い。具体的には「ブレイク（する）」はスポーツというジャンルにおける (7a) のような「突破する」という意味や，同音異義語である「休憩」を表す break から日本語において「創造」された (7b) の「休憩を取る」という意味で用いられている。

(7)　a.　相手のディフェンスラインを<u>ブレイクする</u>。
　　　b.　コーヒー片手に<u>ブレイクしよう</u>。

　「ブレイク（する）」に関して特筆すべき点は，英語の動詞 break の意味の中に（少なくとも顕著に）含まれていない「爆発的な人気を得る」という意味を発達させている点である。

(8)　iPod が日本でブレイクする理由

この意味に関してはブレイクスルー（breakthrough）に由来するものだという説もあるようだが確証されておらず，むしろ日本語における英語の動詞借用における新しい意味創造の事例と考えた方が妥当のように思われる。

　このような英語からの動詞借用現象は日本語に限られない。例えば，韓国語は日本語と同様に多くの英語からの動詞借用を行っているが, Horie (2002)の調査によれば日本語と韓国語において英語から借用されている動詞群はほぼ共通しており，その中で日本語に借用されているが韓国語に借用されていない動詞はあるが，その逆は殆ど見られず，結果的に英語からの動詞借用は日本語が韓国語の約2倍であるという量的な相違が見られた。

　しかし，言語接触は極めて動的かつ複雑な現象であるため，英語からの動詞の受容状況は何年間かの間に変化が見られることもある。例えば Horie (2002) の調査段階では「ゲットする」に対応する韓国語の keyss-hata (겟하다) はまだ観察されなかったが，現在では (9) のような用例で定着しているようである（朴宇宙氏直話）。

(9)　18FW cengphwum pepeli　　sukhaphu chak-han　　kakyek-ulo
　　　　純正品　　　　バーバリー　スカーフ　優しい - 連体形　価格 - で
　　keyss-hase-yo.
　　ゲットする - 依頼 - 終結語尾（略待上称）
　　「18FW 純正品のバーバリースカーフ，良いお値段でゲットして下
　　さい。」　　　　　　NAVER blog <https://daemi04.blog.me/221342467617>

　両言語の違いは単に英語からの動詞借用件数の量的相違にとどまらない。動詞を「動名詞」として受容するという点では日本語と韓国語は共通しているが実際に当該言語において動詞および名詞として用いられるか，動詞としてのみ用いているか，名詞としてのみ用いるか，動詞として用いられる場合にどのような意味で用いられているかといった個別の借用動詞の意味・用法の拡張・分化の度合いに関しても，全般的に日本語の方が韓国語よりも高い拡張・分化傾向を示すようである。例えば，(8) のような「ブレイクする」

の「新奇な意味の創造」に関しては，韓国語の対応する puleyik-hata（브레이크하다）はそのような意味を発達させていない。

ただし，この点に関して韓国語側で，日本語で見られない新奇な意味の創造が観察される事例も少ないが存在する。英語動詞 dash から韓国語への借用動詞の taysi-hata（대시하다）は韓国語において英語の dash にはない「好感を示す」という意味を発達させている（(10)）が，このような意味は日本語の「ダッシュする」には見られない。

(10) Manyak yeca-ka mence *taysi-ha*myen maylyek-i
  もし  女 - が  先に  ダッシュする - 条件 魅力 - が
  epsnun   kel-kka-yo.
  ない : 連体形 の - 疑問 - 終結語尾 (略待上称)
  「もし女性が私に好感を示すと魅力がないのでしょうか。」
      NAVER blog <https://blog.naver.com/koreamatch/140130958396>

(8) や (10) のような事例は借用現象が母語の参照枠組みに少なからぬ影響を与える，極めて創造的なプロセスであることを示唆している。

## 3.2　形態素レベルの借用

動詞借用は最も典型的には 3.1 節で見たように語レベルで行われるが，時に形態素レベルにおいても非常に興味深い借用現象が観察される。具体的には，元々は語として借用されたものが形態的に部分的な省略や縮約を経て日本語の語彙体系の中で独自の形態素として生産性を発現する現象である。最近では英語の名詞 harassment の借用語である「ハラスメント」の縮約形である「ハラ」が「セクハラ（セクシャルハラスメント）」「パワハラ（パワーハラスメント）」といった正式な英語表現の縮約形の一部を構成するだけでなく，「ハラスメント」から派生した形態素として (11) に示すように本来の英語表現ではない多くの混種語を創り出している。

(11)　アカハラ（アカデミックハラスメント），アルハラ（アルコールハラスメント），モラハラ（モラルハラスメント），マタハラ（マタニ

ティハラスメント），スメハラ（スメルハラスメント）等

　以下では，動詞の形態素レベルでの借用現象の事例として Hamlitsch and Horie (2017) の知見に基づいて「ジャック（する）」の意味拡張過程を分析する。今回は，3.1 節で見た「ゲット（する）」の場合と異なり，「〜ジャックする」という動詞としての用法よりも「〜ジャック」という名詞としての用法が考察の中心となる。

　「ジャック（する）」は元々英語の hijack という動詞・名詞からの借用語である動名詞「ハイジャック（する）」として 1970 年代に日本語に受容された。「ハイジャック」は現実に日本人が被害者（実行犯）あるいは加害者（人質）になる現実の事件（飛行機や客船が武器を持った単独あるいは複数の人間によって強制的に占拠される事件：例「よど号事件」）が起こり，このような事件を記述する必要から英語動詞の借用が起こり使われるようになったものである。

(12)　キューバ行きの米国内機のハイジャックが始まる。
　　　　　　　（2002, 現代日本語書き言葉均衡コーパス（以下 BCCWJ））

　その後，「ハイジャック」という語の後部要素である形態素「ジャック」は hijack という元々の英語動詞・名詞から意味的に一定の関連性を持ちながら「名詞＋ジャック」という形式で様々な名詞につきうる生産的な形態素として再分析され，「武器を持って乗り物を乗っ取る行為」という意味で生産的に「シージャック」「バスジャック」といった和製英語的表現を生み出した。さらに「ジャック」は (13) のように和語の名詞とも結びつきうるようになった。

(13)　「犯人たちは，今度の列車ジャックを，楽しんでいるんじゃないかと思ったんです」と，早苗はいった。　　　　　　　（2004, BCCWJ）

　その後形態素「ジャック」は以下の用例にあるように「空間を何らかの道具（手段）で埋め尽くす行為」という方向に興味深い意味拡張をした。

(14) JR 山陽線で 4 両編成の車内を為末選手のポスターで埋め尽くす「電車ジャック」も始める。　　　（Asahi Kikuzoo II Visual database）

(15) 広告貸し切り電車（トレインジャック）は昨年春から山手線で始めた。　　　　　　　　　　　　　　　　　　（1997, BCCWJ）

(16) とうとう，タケシたちは，ろうかへにげだした。「黒ヘビの教室ジャックだ」みんなが，青ざめた。　　　　　（2003, BCCWJ）

また，この意味拡張の延長として物理的な空間のみならず（17）のようにテレビ番組の時間帯という抽象的な空間の占有という意味を表すことも可能になった。

(17) 通常，民放のドラマであれば放送前の番組ジャック。

（2009, NINJAL-LWP for TWC）

さらに，（18）～（20）のように占有する空間のみならず，占有に用いる手段（道具）を表す名詞と共起することも可能になった。

(18) そして，日曜日は着物ジャックの日。

（2012, NINJAL-LWP for TWC）

(19) 全日本空輸（ANA）は…自社広告で埋め尽くす“広告ジャック”を展開。　　　　　　　　　　　　　　（2005, Chunichi Shinbun）

(20) JR 山陽線で 4 両編成の車内を為末選手のポスターで埋め尽くす「ポスタージャック」も始める。　（Asahi Kikuzoo II Visual database）

このような形態素「ジャック」の意味拡張を記述・説明するのに適しているのが Booij（2010）によって提唱されている Constructional morphology（構文形態論）の枠組みである。この枠組みでは複合語や混種語といった複雑な構造を有する語を形態的構文（morphological construction）と見なし，形態素の示すパターンを構文スキーマ（constructional schema）として表示する。英語において動詞に付加されて（人間あるいはそれ以外の）動作者名詞を派生する形態素 -er の構文スキーマは図 1 のように示すことができる。

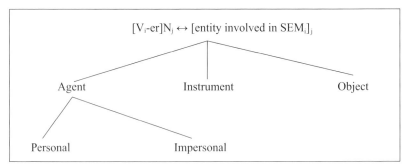

図 1　接辞 -er による動詞からの派生名詞の構文スキーマ
（Booij 2010: 80）

　図 1 の構文スキーマは形態素 -er の統語的，意味的特徴を表示しており，動作者としての最も左の接点は worker のような人間の動作者と container のような非人間の動作者の両方の可能性があることを示す。道具としての用法は mower のような名詞の用法である。

　Hamlitsch and Horie (2017) では，「〜ジャック」の「暴力的手段による強制的占拠」という本来の意味から「ある空間を何らかの手段（道具）で埋め尽くすこと」という派生的な意味への拡張は (21) のような過程を経て生じたという仮説を提示した。

(21)　「ジャック」の意味拡張は日本語の「列車（汽車・電車）」の意味フレームに関係するメタファー的拡張およびメトニミー的拡張のもとで生じた。　　　　　　　　　　　　　　　(p. 137; 原文は英語)

　この仮説を構文形態論の構文スキーマを用いて表示すると図 2 のようになる。

言語類型論と認知言語学の観点よりみた英語からの動詞借用 | 191

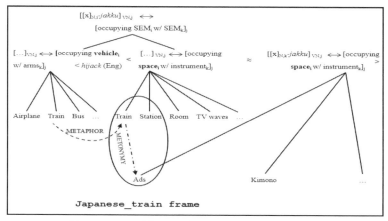

図2　2つの「名詞＋ジャック」構文の相互関係
（Hamlitsch and Horie 2017: 139）

　図2のうち最上層のスキーマは「名詞＋ジャック」が，最も抽象度の高いレベルで「何か（どこか）を何かで占拠する」という意味を表すことを示している。より具体的な意味のレベルでは，左辺で「名詞＋ジャック」が「武器をもってある乗り物を占拠（支配）する」意味を表すことを，右辺で「ある手段（道具）によって空間を占拠する（埋め尽くす）」意味を表すことを示している。左辺の意味がハイジャックから派生した「名詞＋ジャック」が借用語として獲得した最初の意味であり，右辺の意味がその後の意味拡張の結果獲得した意味である。左辺の意味は「ハイジャック」「シージャック」「バスジャック」等に見られるものであり，右辺の拡張義は「電車ジャック」「教室ジャック」「番組ジャック」，さらに「着物ジャック」「広告ジャック」等に見られるものである。両者の意味の橋渡しをしたのは「列車（汽車・電車）」のフレームであると考えられる。左辺の意味から右辺の意味への拡張において強制的占拠の対象としての列車（汽車・電車）（例文13）から埋め尽くす対象としての列車（汽車・電車）（例文14, 15）へのメタファー的拡張が生じている。興味深いことに，同じ「列車（汽車・電車）」のフレームの中でさらなる拡張現象が生じている。具体的には，埋め尽くす対象としての列車から，列車内のスペースを埋め尽くす手段（例：ポスター）（例文20）へと

メトニミー的拡張が生じている。

最後に，hijack の借用として日本語に受容された形態素「ジャック」が「空間を埋め尽くす」という拡張義で単独で用いられている最近の実例（22）を参照されたい。

(22) "PLAY TIDY" BAG の中を <u>JACK しよう</u>　この夏は遊び心のあるアイテムでお出かけ！

　　　　　　　　　　（2018 年 8 月，愛知県豊山町のショッピングモールで）

この用例は，外出時に自分のセンスに合ったおしゃれな携行品を選んでかばんを（センス良く）埋め尽くすことを提案しているようである。なお，英語の jack（動詞「引き上げる」；名詞「ジャッキ」「（トランプの）ジャック」「男，やつ」）という動詞にはこのような意味はない。英語の hijack の借用として日本語の語彙体系に生産的な形態素として定着した拘束形態素「～ジャック」が日本語内で「空間を埋め尽くす」という拡張義を派生させ，その拡張義が英語の jack という語の本来の意味であると誤解され，語レベルの「JACKする」という動詞として創造されたものと思われる。このような用例は日本語における借用英語動詞に見られる意味拡張の複雑さを示している。

### 3.3　構文レベルの借用

最後に言語接触を通じて，構文レベルで英語動詞の特殊な用法が日本語に移入されたと推定される事例を見ていく。以下は高橋・堀江（2018）の記述に基づく。これまでの事例は，語レベルまたは形態素レベルで英語動詞が直接その意味の一部とともに日本語に借用される現象であった。これに対して，本節で見ていく事例は，英語動詞 see の特殊な用法が，明治初頭のいわゆる開花期に英文文献の翻訳を通じて，対応する日本語の動詞「みる」の特殊な用法として移入，定着し，現在に至るまで特に書き言葉で使用され続けている現象であり，言語接触が受容側の言語に与える影響の複雑さを物語っている。具体的には (23) のような「みる」の例を参照されたい。

(23) ［エジプト・イスラエルの単独和平の合意だけが］昨年 3 月から実

施にうつされて進展をみているが……とくに［パレスチナ人民問題
は］，ここ 10 か月間の交渉で何ら進展をみていず……

（『毎日新聞』，1980 年 4 月 9 日，高橋 1994: 162（107））

この「みる」の意味は「事態が実現する」といった意味であり視覚動詞と
しての「みる」の基本義からはあまり関連性がないように思われる。実際
に，『日本国語大辞典』第 12 巻（第二版）に記載されている「ある行為・作
用が実現する」という意味の用例は大正期の（24）のものである。

(24)  冬季暖房のおかげで寒さ知らずに働けるに反し，夏季になって温度
      の上騰を見ることは甚だしい。           （『女工哀史』(1925)）

（『日本国語大辞典』第 12 巻（第二版），小学館，p. 868）

実際には（25）のような明治期の例もある。

(25)  ［今年の上半季は］昨年の上半季に比して収入に於て實に三萬
      六千四百十七圓九十六錢乃ち三割二分強の増加を見る。

（『太陽』1895 年 8 号，高橋・堀江 2012: 100）

「実現」を表す「みる」の用法は，（26）のような統語・意味的条件が整っ
た際に発現する。(27) は共起する目的語名詞の例である。

(26)  (i)〈出来事・状況における新たな局面への移行〉を表す目的語名詞
      と「みる」が，「目的語名詞＋「みる」」の単位で意味上の述部を構
      成する場合に〈実現〉の意味を発現し，なかでも，(ii) 主語に非有
      生名詞が現れる場合において，顕著に〈実現〉の意味が発現するよ
      うになる。
(27)  {一致／解決／合意／増加／決着／成立／定着／完成／遅れ／正常
      化／高度化…} をみる

(27) のような抽象名詞の目的語（必須）と典型的に「非有生名詞主語」と

生起した際に「みる」に「実現する」という意味が発現する。抽象名詞の目的語と非有生名詞主語ということで想起されるのは「欧文脈」である。欧文脈とは「欧文の表現構造を日本語の表現，文脈に直訳的に移入し，いわゆる翻訳調の異質性をもって，日本語表現の慣用を逸脱したところで生きる語脈ないしは文章脈」（木坂 1987: 124）であり，（28）のような文法項目が含まれる（森岡 1999 に基づく）。

(28)　名詞類：抽象名詞主語，無生物名詞主語，抽象名詞目的語
　　　動詞類：受動態，使役態，進行相，完了相
　　　代名詞類：人称代名詞，関係代名詞

　では具体的に（24）（25）のような「みる」はどのように日本語に移入されたのであろうか。本研究は，これらの用法のモデルとなったのは（29）のような英語の see の用法であることを主張する。

(29)　[The year 1861] **saw** an increase of 49 per cent in the number of burglaries and 56 per cent in its cases of housebreaking.
　　　　　　　　　　　　　　　(*The Times*, Feb 20, 1863, 高橋・堀江 2012: 100)

　このような用法が日本語に移入され，定着していった過程を記述・説明する上で重要な研究パラダイムが，近年生産的に研究がなされている「構文化（constructionalization）」という分析の枠組みである。構文化とは以下のような現象を指す。

　　「構文化」とは新たな形式と意味を有する記号（間の結びつき）の創発を指す。構文化は話者集団の言語ネットワークにおいて，新規のタイプ節点を形成する。そのタイプ節点は，新たな統語あるいは形態と，新たに創り出される意味を有する。そして，スキーマ性，生産性，合成性における程度の変化を伴う。　　(Traugott and Trousdale 2013: 22（筆者訳))

　（29）のような英語の see の用法の翻訳を通じ，日本語の「みる」が（24）

(25) のような用法を獲得し，それが (23) のように現代に至るまで定着して使用され続けているものと考えられる。

　このような過程は，3.1 節で見た語レベルでの英語動詞の直接的な借用現象，あるいは 3.2 節で見た形態素レベルでの英語動詞の借用現象とも異なり，英語動詞 see の特定の統語構造と意味の結びつき（構文）が日本語の「みる」に移入され，一世紀以上をかけて日本語に構文として定着していったものと考えられる。実際にこの構文化の過程では目的語名詞の選択制限に関わる変化があったことが確認されている。例えば初期には容認されていた (30) (31) のような「三国同盟を見る」「革命を見る」といった用法は現代語では容認されず，「三国同盟の成立（締結）を見る」「革命の成功（実現）を見る」というように〈出来事・状況における新たな局面への移行〉を表す目的語名詞を媒介させなければならなくなっている。

(30) 　而して獨國の意向甚だ妙ならず，後竟に三國同盟を見るに至れり。
　　　　　　　　　　　　　　　　　　　　　　　　　（『太陽』1895 年 12 号）

(31) 　若し［英國］が，世の大勢を顧ることなく，頑迷に，勞働者の團結を禁止するといふ法をとつてゐたならば，何時の時代にか，恐るべき革命を見たかも知れないのである。　　　（『太陽』1925 年 13 号）

## 4.　おわりに

　本稿では筆者がこれまでに行ってきた英語から日本語への動詞借用の 3 つの事例分析に未発表の知見を加え，借用現象に対して言語類型論や認知言語学の観点から接近することによって言語接触の複雑で創造的な側面に新たな光を当てることができることを示した。今後は，日本語を含むより多くの諸言語の事例の分析を通じて借用語の語彙類型論研究が進展することを期待する。

付記：本研究の準備段階で名古屋大学大学院の李戴賢氏，朴宇宙氏に貴重な御助言を頂いた。また，本研究には森聡美氏（前東北大学大学院）との共同研究の成果も一部含まれている。また編者の岸本秀樹氏には原稿を丁寧に読んで頂き貴重な助言を頂いた。諸氏に厚く御礼申し上げたい。本研究は，科学研究費（基盤研究 (C)）：課題番号

16K02624「中断節の語用論的機能に関する通言語的対照研究：連体・準体節と連用節の対比を中心に」（代表：堀江薫）の支援を一部受けて行われている。

## 参照文献

Booij, Geert（2010）*Construction morphology*. Oxford: Oxford University Press.

Hamlitsch, Nathan and Kaoru Horie（2017）Construction grammar and frame semantics meet morphological borrowing: A case study of the borrowed bound morpheme *-jakku* in Japanese.『第 37 回関西言語学会論文集』133–134.

Haspelmath and Uri Tadmor（eds.）（2009）*Loanword in the languages of the world: A comparative handbook*. Berlin: Walter de Gruyter.

Heine, Bernd and Tania Kuteva（2005）*Language contact and grammatical change*. Cambridge: Cambridge University Press.

Horie, Kaoru（2002）Verbal nouns in Japanese and Korean: Cognitive typological implications. 片岡邦好・井出祥子（編）『文化・インターアクション・言語』89–131. 東京：ひつじ書房.

Horie, Kaoru and Debra Occhi（2001）Cognitive linguistics meets language contact. In: Kaoru Horie and Shigeru Sato（eds.）*Cognitive-functional linguistics in an east Asian context*, 13–33. 東京：くろしお出版.

陣内正敬（2007）『外来語の社会言語学：日本語のグローカルな考え方』京都：世界思想社.

木坂基（1987）「現代欧文脈のひろがり」『国文学』32: 124–128.

Koptjevskaja-Tamm, Maria（2012）New directions in lexical typology. *Linguistics* 50（3）: 373–394.

Koptjevskaja-Tamm, Maria（ed.）（2015）*The linguistics of temperature*. Amsterdam and Philadelphia: John Benjamins.

Matras, Yaon（2009）*Language contact*. Cambridge: Cambridge University Press.

Moravcsik, Edith（1978）Language contact. In: Joseph Greenberg（ed.）*Universals of language*, Vol. 1, 93–123. Stanford, CA: Stanford University Press.

森岡健二（1999）『欧文訓読の研究：欧文脈の形成』東京：明治書院.

Narasimhan, Bhuvana and Anetta Kopecka（eds.）（2012）*Events of 'putting' and 'taking': A crosslinguistic perspective*. Amsterdam and Philadelphia: John Benjamins.

Newman, John（ed.）（2002）*The linguistics of sitting, standing and lying*. Amsterdam and Philadelphia: John Benjamins.

Newman, John（ed.）（2009）*The linguistics of eating and drinking*. Amsterdam and Philadelphia: John Benjamins.

Juvonen, Päivi and Maria Koptjevskaja-Tamm（eds.）（2016）*The lexical typology of semantic shifts.* Berlin: Walter de Gruyter.

Schmidt, Christopher K.（2009）Loanwords in Japanese. In: Martin Haspelmath and Uri

Tadmor (eds.) *Loanword in the languages of the world: A comparative handbook*, 545–574. Berlin: Walter de Gruyter.

Shopen, Timothy (ed.) (1985, 2007) *Language typology and syntactic description, 3 volumes*. Cambridge: Cambridge University Press.

Slobin, Dan I. (1996) From 'thought and language' to 'thinking and speaking'. In: John Gumperz and Stephen C. Levinson (eds.) *Rethinking linguistic relativitiy*, 70–96. Cambridge: Cambridge University Press.

高橋太郎 (1994)『動詞の研究：動詞の動詞らしさの発展と消失』東京：むぎ書房.

高橋暦・堀江薫 (2012)「言語接触の観点からみた非有生名詞主語の「見る」構文」『第1回コーパス日本語学ワークショップ予稿集』99–108.

高橋暦・堀江薫 (2018)「〈実現〉を表す視覚動詞「みる」の構文化」山梨正明他 (編)『認知言語学論考14』117–154. 東京：ひつじ書房.

Thomason, Sarah. G. and Terremce Kaufman (1988) *Language contact, creolization, and genetic linguistics*. Berkeley, CA: University of California Press.

Traugott, Elizabeth C. and Graeme Trousdale (2013) *Constructionalization and constructional changes*. Oxford: Oxford University Press.


〈データベース〉

国立国語研究所 現代日本語書き言葉均衡コーパス (BCCWJ)

朝日新聞記事データベース　聞蔵 II　ビジュアル (Asahi Kikuzoo II Visual database)

筑波ウェブコーパス (NINJAL-LWP for TWC) (nlt.tsukuba.lagoinst.info)

## 執筆者一覧　*は編者

| 小野　尚之 | おの　なおゆき | 東北大学教授 |
| 岸本　秀樹* | きしもと　ひでき | 神戸大学教授 |
| 窪薗　晴夫 | くぼぞの　はるお | 国立国語研究所教授 |
| 志田　祥子 | しだ　しょうこ | 甲南大学大学院生 |
| 田川　拓海 | たがわ　たくみ | 筑波大学助教 |
| 虎谷　紀世子 | とらたに　きよこ | Associate Professor, York University |
| 中谷　健太郎 | なかたに　けんたろう | 甲南大学教授 |
| 野中　大輔 | のなか　だいすけ | 国立国語研究所非常勤研究員 |
| 萩澤　大輝 | はぎさわ　だいき | 神戸市外国語大学大学院生 |
| 堀江　薫 | ほりえ　かおる | 名古屋大学教授 |

**編 者**

**岸 本 秀 樹**（きしもと ひでき）

兵庫県生まれ。神戸大学大学院文化学研究科修了（学術博士）。鳥取大学，滋賀大学，兵庫教育大学などを経て，現在，神戸大学大学院人文学研究科教授。

## レキシコンの現代理論とその応用

初版第 1 刷 ──── 2019年 11月 30日

編 者 ──── 岸本秀樹

発行人 ──── 岡野秀夫

発行所 ──── 株式会社 くろしお出版

〒102-0084 東京都千代田区二番町4-3
［電話］03-6261-2867 ［WEB］www.9640.jp

印 刷 藤原印刷株式会社 装 丁 右澤康之

©Hideki Kishimoto 2019, Printed in Japan

ISBN978-4-87424-818-8 C3081

乱丁・落丁はお取りかえいたします．本書の無断転載・複製を禁じます．